ALLES JERSEY
KLEIDER NÄHEN

EMF

EIN BUCH DER
EDITION MICHAEL FISCHER

INHALT

S. 101

S. 47

S. 91

S. 55

S. 59

S. 109

S. 97

S. 87

S. 81

S. 65

S. 51

S. 69

VORWORT

Ich und nähen?
Hätte mir jemand vor 10 Jahren erzählt, dass ich einmal erfolgreich nähen würde, wäre ich wohl vom Glauben abgefallen.

Aber wie es oft ist im Leben, änderte sich alles, als ich Mutter wurde. Plötzlich packte mich der Ehrgeiz, und ich wollte den Kleinen gerne tolle und individuelle Sachen nähen. Schnell folgte auch das erste Kleidungsstück für mich selbst. Mittlerweile haben wir vier Kinder, und ich bin schon lange nicht mehr nur an der Nähmaschine kreativ. Seit einigen Jahren entwerfe ich eigene Schnittmuster für Kinder und Erwachsene, denn es ist einfach wundervoll, einmalige Kleidungsstücke gestalten zu können.

In diesem Buch lade ich dich ein, tolle Kleider für jeden Anlass zu nähen. Die Schnittmuster decken die Größen 34 bis 46 ab. Du kannst nach Herzenslust mit Mustern, Accessoires und Kombinationen spielen und dir auf diese Weise ein echtes Unikat zaubern. Style dein Kleid lässig mit Leggings und Turnschuhen für den Alltag oder sexy mit Feinstrumpfhose und High Heels für die Party am Abend.

Nähe dir einen ganzen Schrank voller Lieblingskleider!
Dank zahlreicher Bilder und ausführlicher Anleitungen ist es selbst für Einsteigerinnen nicht schwer, sich ihr erstes Kleid zu schneidern.

Nähen macht Spaß! Nichts ist schöner, als für sich selbst, die Liebsten oder gute Freunde einzigartige Dinge zu erschaffen. Daher lautet meine Mission: Begeistere auch andere fürs Nähen!

Liebste Grüße

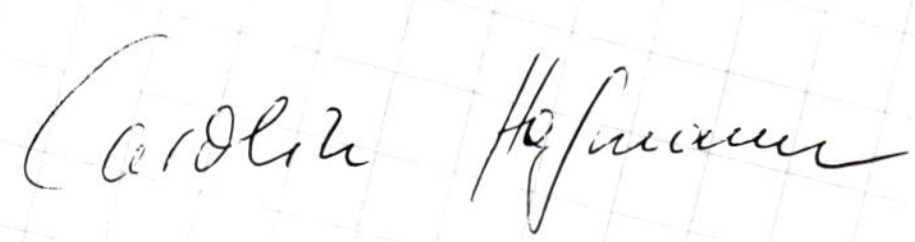

GRUNDLAGEN

KLEINE JERSEY-STOFFKUNDE

Jersey ist eine sehr beliebte und weit verbreitete, gestrickte Maschenware für Shirts, Kleider und Co. Woran erkennt man Jersey-Stoff?

Jersey wird für gewöhnlich aus Wolle, Baumwolle oder Chemiefasern, meist Viskose, oder einer Mischung daraus hergestellt. Jerseystoffe werden nicht gewebt, sondern gewirkt – eine maschinelle Fertigungstechnik, deren Ergebnis feiner Strickware ähnlich ist. Dadurch ist Jersey dehnbar und anschmiegsam und wird so zum Lieblingsmaterial für Shirts und Kleider. Er vermittelt ein weiches und leichtes Tragegefühl. Zudem ist er saugfähig und atmungsaktiv und dadurch auch für körpernahe Kleidung geeignet. Dazu ist Jersey klimaregulierend: Er wärmt im Winter und leitet im Sommer überschüssige Wärme ab. Da es von Jersey verschiedene Arten der Zusammensetzung und verschiedene Strickarten gibt, findest du hier eine kleine Stoffkunde.

VISKOSE-JERSEY hat einen leichten Schimmer und einen fließenden Fall. Er schmiegt sich dem Körper an und wirkt dadurch sehr feminin. Durch seinen leichten Glanz wirkt der Viskose-Jersey hochwertiger als Baumwolljersey. Er eignet sich besonders gut für leichte Sommerkleidung.

SINGLEJERSEY/TRIKOT hat nur eine Maschenlage: Auf der Vorderseite sind die Maschen als rechte Maschen zu sehen, auf der Rückseite als linke Maschen. Dadurch ist der Singlejersey dehnbar, weich, dünn und zart zugleich. Bei der Verarbeitung sollte man darauf achten, dass sich keine Laufmaschen bilden und sich die Ränder nicht einrollen.

INTERLOCK-JERSEY ist strapazierfähiger als andere Jersey-Arten. Denn beim Wirken arbeiten zwei Nadelreihen – der Stoff hat also zwei Lagen, deren Fäden miteinander verkreuzt werden, sodass die Lagen fest verbunden sind. Der Interlock-Stoff besitzt eine softere Haptik als andere Jersey-Stoffe. Auch nach mehrmaligem Waschen bleibt Interlock-Jersey formstabil und weich.

JACQUARD-JERSEY ist für seine Musterung und für die Strickart in zwei Nadelreihen bekannt. Außergewöhnliche Strukturmuster und vielfältige Optiken entstehen durch die variablen Verbindungen in den Maschenreihen. Diese Stoffart eignet sich besonders gut für Kleider, Pullover oder Jacken.

SWEATSHIRT-STOFF ist ähnlich wie Single-Jersey. Auf der Vorderseite sind die rechten Maschen zu sehen, auf der Rückseite ist die Oberfläche meist angeraut. Dadurch wärmt Sweatshirt-Stoff besonders gut und eignet sich toll für kuschelige Kleider.

SOMMERSWEAT hat auf der rechten Stoffseite eine glatte Oberfläche. Auf der Rückseite sind oft Schlingen sichtbar. Ein anderer Name lautet French Terry.

BÜNDCHENWARE ist ein Strickstoff mit einem eher hohen Elasthan-Anteil von 5 bis 10 %. Er wird entweder als Strickschlauch verkauft oder mit einer Faltkante an einer Seite und den offenen Stoffkanten auf der anderen. Du bekommst Bündchenware fein oder grob gerippt. Sie eignet sich besonders für Abschlüsse an Ärmeln, Saum und Hals.

SCUBA ist ein Doubleface-Stoff, wobei die rechte Seite einen ähnlichen Griff wie Jersey hat und die linke stark an Neopren erinnert. Er ist geeignet für Kleider, Oberteile, Röcke und Hosen.

PFLEGEHINWEISE

Achte beim Kauf der Stoffe auf die Pflegehinweise. Da Stoffe meist einlaufen, empfehle ich dir, sie vorzuwaschen.

- Genähte Teile vor dem Waschen am besten immer auf links drehen.
- Verwende nur Fein- oder Color-Waschmittel.
- Belade die Wäschetrommel nicht zu stark.
- Stelle den Schleudergang so niedrig und schonend wie möglich.
- Vermeide den Trockner, denn zu starkes Erhitzen schadet vor allem Stoffen mit hohem Elasthan-Anteil.
- Aufpassen beim Bügeln! Auch hier bitte das Bügeleisen auf niedrige Temperatur stellen.
- Wasche bei Plotts den Stoff ohne Weichspüler vor. Nach dem Anbringen des Plotts wäschst du dein Kleid auf links. Bügel nach jeder Wäsche die Motive nach und lege beim Bügeln z. B. ein Stück Backpapier dazwischen.

EINLAGEN UND NÄHZUTATEN

Verstärke deine Belege und Ösen mit Einlagen, damit sie weder ausleiern noch ausreißen. Style deine Kleider mit tollen Nähzutaten.

EINLAGEN

Für die spätere Optik und den Tragekomfort ist es beim Nähen unerlässlich, die Kleidung an bestimmten Stellen mit einer Einlage zu verstärken. Das Revers, der Hosenbund oder auch die Knopfleiste sind typische Stellen, die verstärkt werden müssen. Taschen müssen oft verstärkt werden, um einen festen Stand zu gewähren und damit sie nicht einfach labbrig herunterhängen. Die gängigste Einlagen-Marke ist Vlieseline. Ein großer Vorteil von Vlieseline ist, dass man die meisten Einlagen-Typen aufbügeln kann und deshalb die Verarbeitung auch für Nähanfänger problemlos ist. Zudem gibt es Vlieseline in verschiedenen Stärken. Da die Vielfalt der Einlagen eine große Auswahl bietet, werde ich mich hier auf die wichtigsten beschränken, die für das Hobbynähen völlig ausreichend sind.

WELCHE EINLAGE IST WOFÜR?

Welche Einlage man verwendet, hängt vom Stoff und von der Form des zu verstärkenden Kleidungsstückes ab. Die Einlage sollte später von außen unsichtbar sein und den Fall des Stoffes nicht behindern. Vlieseline gibt es für dunkle Stoffe in Schwarz, für helle Stoffe in Weiß.

H 180 ist für zarte, fließende Stoffe wie Viskose-Jersey. Sie hat eine ausgezeichnete Haftung auf schwierigen, modischen Stoffen.

H 200 ist für leichte Stoffe wie Jersey und Sommersweat.

H 250 ist für leichte bis mittelschwere Stoffe wie Sommersweat oder Jacquard. Sie lässt sich leicht verarbeiten und hat eine dauerhafte Form. Sie ist bei hohen Temperaturen waschbar.

SAUMBAND ist zweiseitig aufbügelbar. Es wird verwendet, um die Säume von Röcken, Kleidern, Hosen, Jacken u. v. m. einfach ohne Nähen zu befestigen – sie müssen nur umgebügelt und dabei mit dem Saumband angeklebt werden. Es ist für alle Stoffe geeignet.

NAHTBAND T10 stabilisiert die Nähte bei weichen und dehnbaren Stoffen wie Jersey oder Sommersweat. Es lässt sich leicht aufbügeln, verzieht sich nicht und hat eine dauerhaft perfekte Form.

NÄHZUTATEN/KURZWAREN

Verleihe deinem Nähstück den letzten Schliff! Spitze, Retrostripes, Gummibänder und Paspeln lassen sich toll auf dem Nähstück verwirklichen. Bei Jersey ist es allerdings wichtig, elastische Bänder zu verarbeiten. So können sie sich im Alltag mitdehnen.

NÜTZLICHE HELFER BEIM NÄHEN

Erleichtere dir die Handgriffe beim Nähen mit einer kleinen Grundausstattung an Nähhelfern. Sie unterstützen dich beim Vorbereiten, Nähen und beim Feinschliff.

MESSWERKZEUGE

Mit einem **Maßband** kannst du deine Maße nehmen, um dir anschließend dein Kleidungsstück zu nähen. Ein Maßband ist in der Regel 150 cm lang und aus beschichtetem Gewebe hergestellt. So ist es flexibel und strapazierfähig.

TIPP
Bewahre dein Maßband nicht eng eingerollt auf, da es sonst schnell zu Materialermüdungen kommen kann.

Das **Handmaß** ist ca. 20 cm lang und meist aus Plastik. Es eignet sich wunderbar zum Ausmessen von kurzen Strecken und Nahtzugaben. Auf einer Seite ist die Skalierung wie beim Maßband, und auf der anderen Seite sind die Zacken. Die Zacken lassen sich sehr gut zum Einzeichnen von Nahtzugaben nutzen oder auch, um kleine Knipse in den Stoff zu übertragen.

Ähnlich wie ein Handmaß ist das **Saummaß**. Das Saummaß bietet verschiedene Maße für Säume an. Durch die praktischen Aussparungen hast du die Möglichkeit, den Saum einfach anzuzeichnen.

MARKIERWERKZEUGE

Die **Stoffkreide** darf keinesfalls im Schneiderzubehör fehlen. Sie lässt sich leicht auftragen und genauso leicht ausbürsten oder auswaschen. Eine schöne Alternative zur Kreide ist der **Trickmarker**. Dieser ist ein Stift, mit dem du Markierungen auf den Stoff aufzeichnen kannst. Der Stift verschwindet nach einiger Zeit wieder.

TIPP
Teste erst die Markier- und Entfernungseigenschaften auf einem Musterstoff. Zum Markieren eignen sich auch Stecknadeln, Kopierrädchen oder kleine Knipse am Stoff.

SCHNEIDWERKZEUGE

Eine gute **Stoffschere** und ein **Rollschneider** sind wichtige Werkzeuge zum Schneiden von Stoffen. Nutze sie ausschließlich zum Schneiden von Stoffen, da sie sonst schnell stumpf werden. Der Rollschneider sollte nur in Verbindung mit einer geeigneten **Schneidematte** genutzt werden. Gerade für feine Stoffe eignet sich diese Art des Zuschneidens, da hier die Verrutschgefahr wesentlich geringer ist. Eine **Fadenschere** legst du am besten immer griffbereit neben die Nähmaschine.

Auch der **Nahtauftrenner** sollte nicht fehlen. Hiermit trennst du Nähte auf und öffnest Knopflöcher.

STECKEN

Stecknadeln und **Wonderclips** gehören in jede gute Nähausstattung. Stecknadeln mit Glasköpfen eignen sich besonders gut, da sie beim Bügeln nicht schmelzen. Wonderclips hingegen halten mehrere Stofflagen gut zusammen und sind ein praktischer Nähhelfer.

TRICKMARKER
Love

JERSEY MIT DER NÄHMASCHINE NÄHEN

Das Nähen mit der Haushaltsnähmaschine gelingt auch Anfängern, wenn sie einige Dinge beachten. Mit der richtigen Vorbereitung und den passenden Einstellungen lassen sich dehnbare Stoffe problemlos nähen.

DIE RICHTIGE NADEL

Um Jerseystoffe ideal bearbeiten zu können, ohne ihre Struktur anzugreifen, benötigst du Stretch- oder Jerseynadeln mit **75er- bis 90er-Stärke**. Diese haben eine abgerundete Kugelspitze, die zwischen die Maschen sticht. So bekommt dein Stoff keine Löcher oder Laufmaschen. Bei falsch gewählten Nadeln kann deine Nähmaschine Stiche auslassen oder sogar den Stoff in die Stichplatte drücken. Wichtig ist, dass du keine stumpfen Nadeln verwendest. Die Nadelstärke variiert von Stoff zu Stoff. Hier solltest du bei feinen/leichten Stoffen eher dünnere 75er-Nadeln, bei Sommersweat 80er-Nadeln und bei dickeren Sweatstoffen sogar die **90er-Nadeln** nehmen.

TIPP

Manchmal hat die Nähmaschine Probleme, den Stoff am Anfang zu transportieren. Um dem entgegenzuwirken, hilft es, sich die Fadenenden zu nehmen und diese leicht nach hinten zu ziehen.

Damit sich die Nähte nicht unschön wellen, ist es wichtig, den Stoff unter der Nähmaschine nicht zu dehnen. Die Maschine führt den Stoff!

Es hilft außerdem, den Nähfüßchendruck vorsichtig zu verringern. So wird weniger Druck auf den Stoff übertragen.

DER RICHTIGE STICH

Welche Sticharten brauche ich beim Nähen von Jersey? Damit das Nähstück am Ende schön und gleichzeitig haltbar ist, können verschiedene Stiche verwendet werden.

Über die Grundstiche wie den Geradstich und den Zickzackstich verfügt heutzutage jede Haushaltsnähmaschine. Diese beiden Stiche reichen normalerweise auch aus. Beim Nähen von Jerseystoffen ist eine elastische Naht wichtig. So verhinderst du, dass die Naht beim Anziehen oder Tragen reißt.

GERADSTICH/STEPPSTICH

Der Geradstich ist für Jersey und andere dehnbare Stoffe weniger geeignet. Er eignet sich zum Absteppen, für Applikationen oder auch zum Aufnähen von Taschen. Du kannst den Geradstich bei Nähten im Fadenlauf verwenden, wie z. B. beim Schließen des Bündchens zum Ring.

DREIFACH-GERADSTICH

Dieser Stich wird insbesondere bei elastischen Stoffen und bei Nähten, die im Alltag großer Belastung ausgesetzt sind, verwendet. Er eignet sich zum Absteppen und für extra haltbare Nähte. Dieser Stich ist nicht so dehnbar, aber dafür reißfest.

ZICKZACKSTICH

Der Zickzackstich ist ein sehr vielfältiger Stich, der unterschiedliche Einsatzgebiete hat wie z. B. das Versäubern von Kanten, Verstärken von Nähten, Nähen von elastischen Nähten, aber auch bei der Befestigung von Spitzeneinsätzen.

DREIFACH-ZICKZACKSTICH

Elastischer Stich für dekorative Saumabschlüsse und Steppnähte. Der verstärkte Zickzackstich gilt in den meisten Fällen als Ziernaht, die beispielweise beim Absteppen zum Einsatz kommt.

PSEUDO-OVERLOCKSTICH

Er dient zum Zusammennähen und gleichzeitigen Versäubern elastischer Stoffe. Hierbei bleiben die Nähte elastisch. Der Pseudo-Overlockstich verleiht dem Nähstück ein professionelles Aussehen.

JERSEY MIT DER OVERLOCK NÄHEN

Verleihe dem Nähstück auch auf der Innenseite einen professionellen Look! Die Overlock schneidet, näht und versäubert in nur einem Arbeitsschritt und ist perfekt für das Nähen elastischer Stoffe geeignet.

Eine Overlock-Nähmaschine ist eine Spezialnähmaschine, mit der du deine Nähstücke in einem Arbeitsgang zusammennähen, die Nahtzugabe abschneiden und versäubern kannst. Hierzu werden 2 Greiferfäden und 2 Nadelfäden miteinander verschlungen. Overlocknähte sind dehnbarer, belastbarer und wesentlich schneller genäht als mit der normalen Haushaltsnähmaschine. Das Messer der Overlock schneidet während des Nähvorgangs die Nahtzugabe auf die richtige Breite zurück.

Viele Overlock-Maschinen sind mit einem **Differentialtransport** ausgestattet. Sie haben zwei Transporteure, einen vorne und einen hinten, deren Tempo unterschiedlich eingestellt werden kann. Dies gewährt ein glattes Säumen aller Stoffe. Der Differentialtransport hat noch mehr Eigenschaften. Er ist z. B. bestens zum Kräuseln geeignet.

Die **4-Faden-Overlocknaht** ist eine sehr strapazierfähige Naht. Hier werden beide Nadeln und beide Greifer genutzt. Sie ist dehnbar und ergibt eine Saum- oder Schließnaht auf allen Stoffarten.

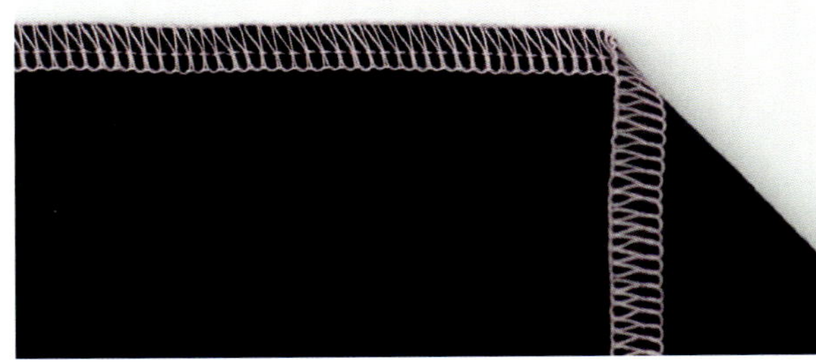

Wer eine schmalere Naht benötigt, hat die Möglichkeit, mit nur einer Nadel zu nähen (und mit beiden Greifern). Hier entsteht dann eine **3-fädige Naht**.

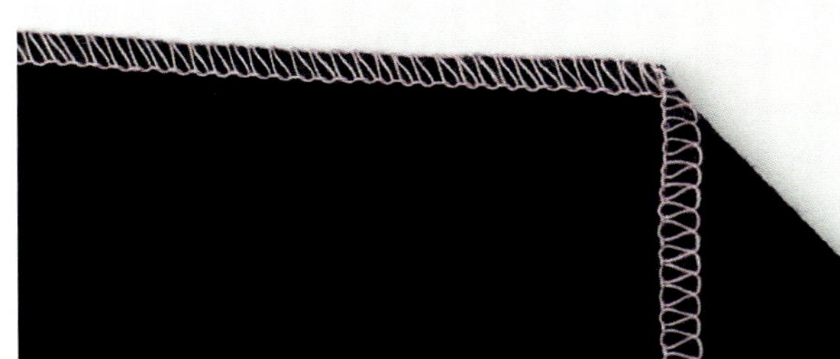

SICHERN DER FADENKETTE AM NAHTANFANG

1

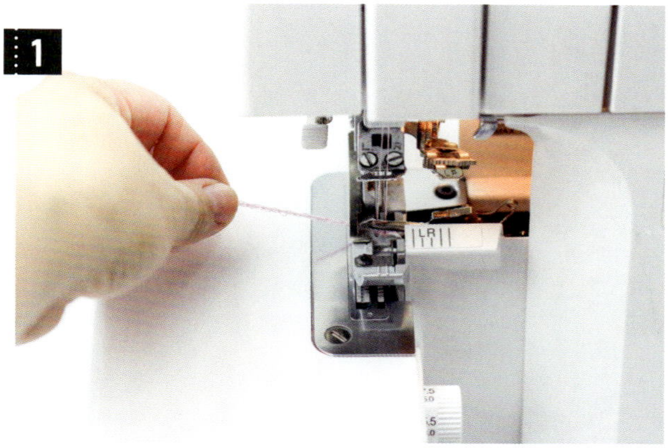

2

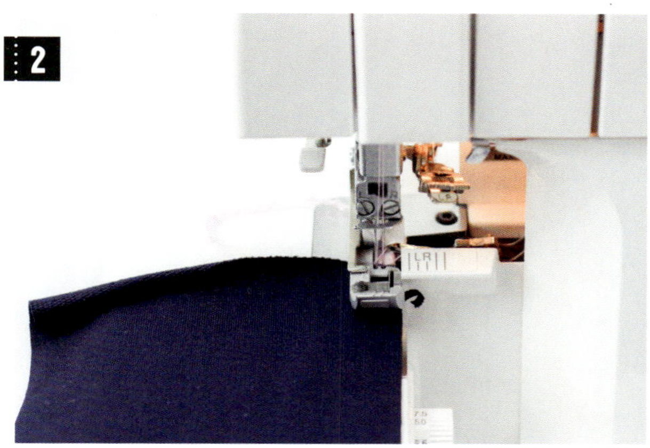

3

4

1. Lass eine lange Fadenkette von ca. 7 cm.
2. Lege den Stoff unter das Nähfüßchen und nähe 2–3 Stiche.
3. Hole dann die Kette nach vorne unter den Nähfuß, sodass sie an der Kante des Stoffes ausgerichtet ist.
4. Senke den Fuß und fahre mit dem Säumen fort, wobei du die Kette über ca. 3 cm in die Stiche einfließen lässt. Lass dann das Messer die verbleibende Fadenkette abschneiden.

SICHERN DER FADENKETTE AM NAHTENDE

1

2

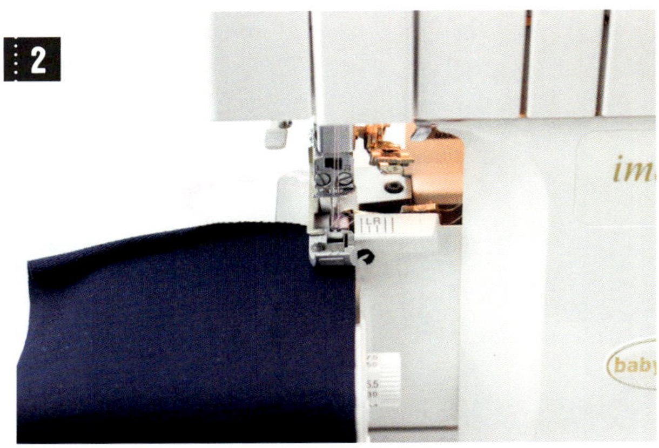

3

4

1. Am Nahtende nähst du einige Stiche ins Leere.
2. Lass die Nadel unten und hebe das Nähfüßchen an.
3. Drehe nun den Stoff um und lege ihn nach vorne.
4. Nähe ca. 2–3 cm und lass die Naht nach rechts auslaufen. Die Enden werden anschließend verknotet.

COVERLOCKMASCHINE

Die Coverlock ergänzt das Duett aus Haushaltsnähmaschine und Overlock perfekt, vor allem wenn verschiedene Materialien verbunden werden. Mit ihrer Hilfe gelingen perfekte Saumabschlüsse.

Eine Coverlock ist eine tolle Ergänzung zur Overlock- und Haushaltsnähmaschine, wenn auch kein Must-have für Anfänger. Du kannst mit der Maschine tolle Saumabschlüsse, Kontrast- und Ziernähte erzeugen. Sie besitzt kein Messer, das den Stoff während des Nähens abschneidet. Somit kannst du auch Ziernähte inmitten der Kleidung nachträglich einnähen.

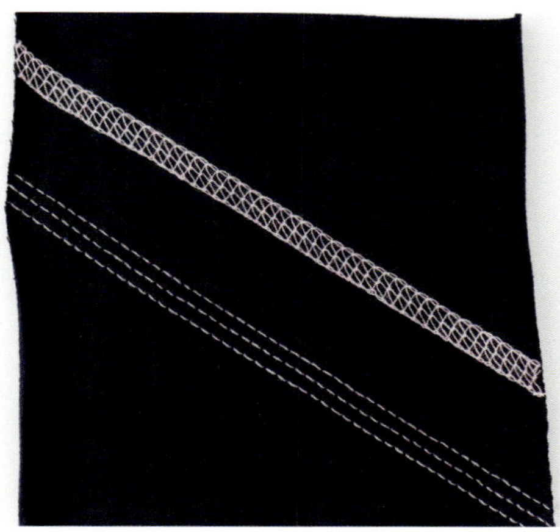

TIPP
Schöne Zierstiche kannst du aber auch mit der normalen Haushaltsnähmaschine nähen.

RICHTIG MAß NEHMEN

Bevor es mit dem Nähen losgehen kann, ist es wichtig, sich selbst, aber auch das Schnittmuster auszumessen. Und diese Maße zu vergleichen! Auf diese Weise vermeidest du böse Überraschungen.

SO FUNKTIONIERT'S

Richtig Maß zu nehmen ist für die Größenauswahl entscheidend. Die Maßtabelle gibt die deutschen Reinmaße (d. h. ohne Zugaben für Bewegungsspielraum und Design) an und kann von der Kaufgröße minimal abweichen. Jeder Textilhersteller arbeitet nach seinen eigenen ermittelten Maßen.

Um richtig Maß zu nehmen, ist es wichtig, aufrecht zu stehen und eine natürliche Körperhaltung einzunehmen. Gemessen wird in Slip und Büstenhalter. Das Maßband muss glatt und nicht zu stramm um den Körper anliegen. Lass dir am besten von einer Freundin beim Ausmessen helfen – denn alleine ist es schwierig, das Maßband wirklich gerade anzulegen.

	34	36	38	40	42	44	46
❶ Körperhöhe	168 cm	168 cm	168 cm	168 cm	168 cm	168 cm	168 cm
❷ Brustumfang	80–83 cm	84–86 cm	87–91 cm	92–96 cm	97–101 cm	102–106 cm	106–112 cm
❸ Taillenumfang	65–68 cm	69–72 cm	72–76 cm	76–79 cm	80–83 cm	84–90 cm	90,5–97 cm
❹ Hüftumfang	85–90 cm	91–95 cm	96–100 cm	101–104 cm	105–109 cm	110–115 cm	116–120 cm
❺ Oberarmumfang	29 cm	30 cm	31 cm	32 cm	34 cm	35 cm	37 cm
❻ Armlänge	61 cm	61 cm	61 cm	61 cm	61 cm	61 cm	61 cm

SO WIRD AUSGEMESSEN

1. KÖRPERHÖHE
Die Körperhöhe wird ohne Schuhe gemessen. Sie wird vom höchsten Punkt des Kopfes bis zur Fußsohle gemessen.

2. BRUSTUMFANG
Das Maßband wird von hinten waagerecht unter den Armen hindurchgeführt und über die Brustpunkte, d. h. die am weitesten vorstehenden Punkte der Brust gelegt.

3. TAILLENUMFANG
Das Taillenband wird knapp unterhalb der schmalsten Stelle des Körpers angelegt. Diese findest du mittig zwischen unterem Rippenbogen und Hüftknochen.

4. HÜFTUMFANG
Das Maßband wird um die stärkste Stelle des Gesäßes gelegt.

5. OBERARMUMFANG
Der Oberarmumfang wird an der stärksten Stelle unterhalb der Achselhöhle gemessen.

6. ARMLÄNGE
Winkle den Arm um ca. 45 Grad an. Miss nun entlang der Armaußenkante die Länge vom Schulterpunkt (der Stelle, an der du das Schulterblatt ertasten kannst) bis zum Ellenbogen und weiter bis zum Handgelenkknöchel.

SCHNITTMUSTER ANPASSEN

Nicht jeder Schnitt kann deiner Figur perfekt angepasst sein. Das Schöne am Nähen ist, dass du jeden Schnitt auf dich anpassen kannst.

KÖRPER- UND SCHNITTMAßE

Miss dich zuerst aus. Du benötigst die Maße von Brustumfang, Taille und Hüfte. Rechne jeweils noch 2–3 cm Bewegungs-Mehrweite dazu und teile das Gesamtmaß auf die Schnittteile (z. B. Vorder- und Rückteil) auf.

Lege deine Kopierfolie auf den Schnittmusterbogen und beschwere sie am besten mit Gewichten. So kann dir nichts verrutschen. Zeichne nun die Maße deiner Figur ein.

Verbinde die Punkte mit einem Lineal. Am besten eignet sich dazu ein Kurvenlineal. Du solltest darauf achten, dass die Linie harmonisch verläuft und keine Ecken und Kanten entstehen.

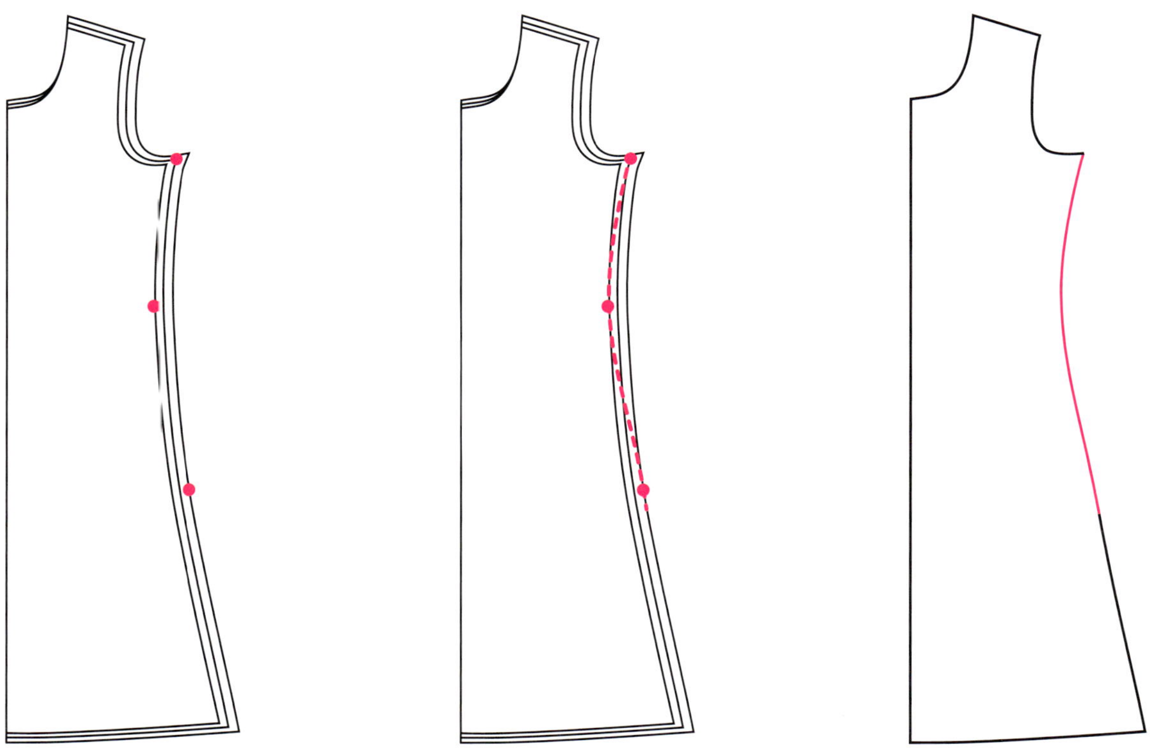

KÜRZEN ODER VERLÄNGERN

Schnittmuster für Damen sind meist auf eine Körpergröße von 168 cm ausgelegt. Du kannst deinen Schnitt aber individuell verlängern oder kürzen. Ist dein Oberkörper kürzer/länger im Verhältnis zur Körpergröße, ist es erforderlich, dies im Schnitt anzupassen. Subtrahiere oder addiere nicht einfach am Saum die fehlende/überschüssige Länge, sondern passe den Schnitt so an, dass seine Form erhalten bleibt. Schnitte mit Taillierung haben oft eine Sperrlinie (Querreferenzlinie) eingezeichnet. An dieser kann der Schnitt auseinandergeschnitten und wieder zusammengesetzt werden – entweder länger oder kürzer, ganz wie es für deinen Körper passend ist. Wenn diese Linie nicht enthalten ist, suche eine Linie zwischen Armloch und Saum. Wichtig ist, dass die Änderungslinie immer im rechten Winkel zum Fadenlauf gezeichnet wird. Achte dabei auf die Position von Rückenabnähern, wenn du die Veränderung am Vorderteil vornimmst, denn das Rückteil wird natürlich gleich angepasst. Für locker sitzende Kleider ohne Taillierung, Röcke, oder wenn lediglich das Unterteil angepasst werden muss, nimm die Sperrlinie im Hüftbereich. Ein zusätzliches Kürzen im Saumbereich ist ebenfalls möglich. Wenn das genaue Einhalten der Sperrlinie/Querreferenzlinie wichtig ist, ist diese im Unterteil ebenfalls markiert. Sehr locker sitzende Schnitte haben meistens keine Sperrlinie. Denk daran, alle Änderungen an allen zugehörigen Schnittteilen (Vorder- und Rückteil, ggf. auch Ärmel) vorzunehmen!

VERLÄNGERN

Schneide das Schnittteil an der Sperrlinie auseinander. Klebe mit Klebefilm einen auf die gewünschte Breite zugeschnittenen Papierstreifen dazwischen. Die seitlichen Überstände gleichst du im Verlauf wieder an.

KÜRZEN

Ziehe ober- und unterhalb der Linie jeweils eine weitere Linie. Der Abstand zwischen den Linien ist das Änderungsmaß. Falte das Schnittmuster so, dass beide Außenlinien aufeinandertreffen. Die seitlichen Überstände gleichst du im Verlauf wieder an.

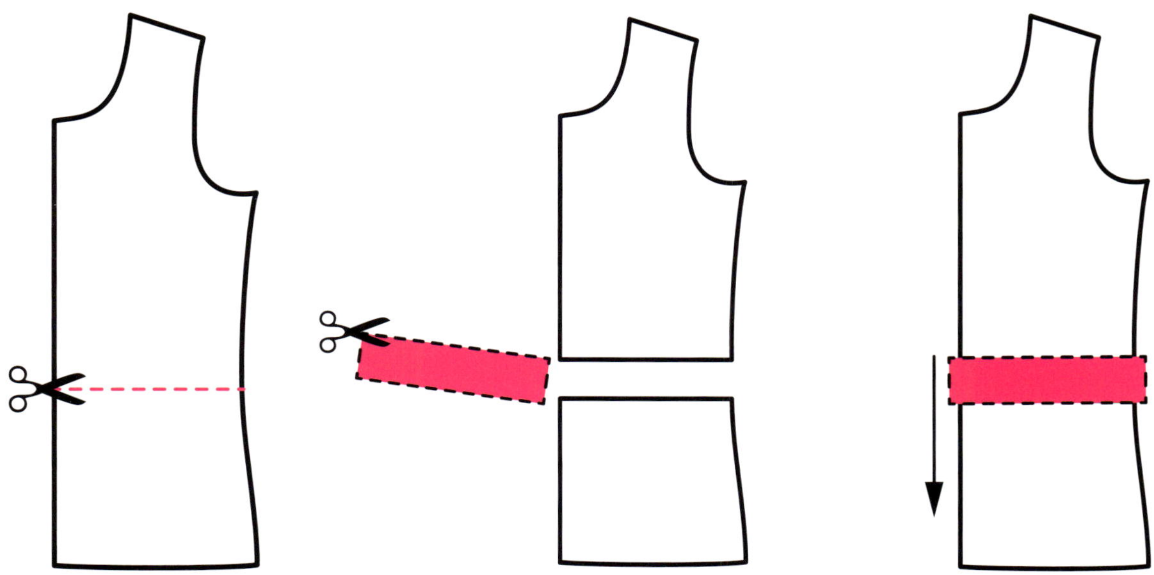

VORBEREITUNG AUF DAS NÄHEN

Bevor es endlich mit dem Nähen losgehen kann, bedarf es noch einer kleinen Vorbereitung des Schnittmusters und des Stoffes.

WASCHEN

Da die meisten Stoffe beim Waschen einlaufen, empfehle ich dir, sie vorzuwaschen und einmal zu bügeln.

SCHNITTMUSTER ÜBERTRAGEN

Damit du beiliegende Schnittmuster in allen Größen und mehrmals nutzen kannst, pause sie dir ab. Dazu besorgst du dir am besten Schnittmusterpapier aus dem Fachhandel oder Baufolie aus dem Baumarkt. Zum Übertragen auf die Folie eignen sich Folienstifte. Bei allen Schnittmustern in diesem Buch sind Naht- und Saumzugaben bereits enthalten, du kannst sie also direkt übertragen. Zeichne bitte alle Zugaben sowie Markierungen/Knipse und Maßänderungen in den Schnitt ein.

NAHTZUGABE

Die Nahtzugabe ist der zusätzliche Stoff neben der Nahtlinie. Das ist der Bereich zwischen Nahtlinie und Schnittkante. Die Nahtzugabe hat keinerlei Einfluss auf die Passform. Gut bewährt haben sich Nahtzugaben in den Breiten von 0,7 cm bis 1 cm. Bei den Schnittmustern dieses Buchs beträgt die Nahtzugabe 1 cm, näh also 1 cm von der Stoffkante entfernt.

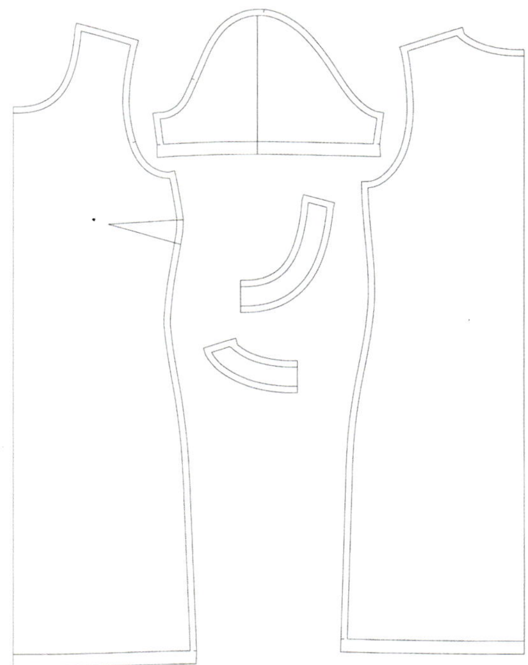

SAUMZUGABE

Die Saumzugabe ist ähnlich wie die Nahtzugabe. Der Saum ist das umgenähte Ende der Stoffkante an einem Kleidungsstück. Es gibt verschiedene Arten von Säumen: Der offenkantige Saum und der eingeschlagene Saum. Ich verwende bei geraden Säumen eine Saumzugabe von 2 cm, bei runden 1 cm. Bei runden Säumen verwendest du am besten eine Zwillingsnadel. So bleibt der Saum schön elastisch.

Eine andere Art des Saums ist der Fakesaum (siehe S. 31). Hierfür brauchst du mehr Nahtzugabe, die aber in denjenigen Schnittmustern, wo Fakesäume verwendet werden, auch bereits eingerechnet ist.

TIPP
Anfänger können sich die Nahtlinie einzeichnen und direkt auf der Nahtlinie nähen.

SAUM EINZEICHNEN

Bei ausgestellten Schnitten wird die Saumzugabe in gleichem Maß eingestellt, wie das Schnittteil ausgestellt ist. So wird zu viel Weite im Saum vermieden.

DER ZUSCHNITT

Es gibt ein paar Kleinigkeiten, auf die du beim Zuschneiden unbedingt achten solltest, damit dein Kleid gelingt. Keine Sorge, das gewöhnst du dir bald an. Besser einmal öfter überprüfen als sich nachher ärgern!

FADENLAUF

Beim Zuschneiden der Stoffe ist es wichtig, den Fadenlauf zu beachten. Der Fadenlauf verläuft parallel zur Webkante bzw. bei Jerseystoffen entlang der Rippen. Im Schnittmuster ist er mit einem Pfeil dargestellt.

Den Fadenlauf kannst du auch mithilfe eines Dehnungstests finden. Dazu dehnst du den Stoff einmal von oben nach unten und von links nach rechts. Schnell wirst du merken, dass der Stoff sich in eine Richtung besser dehnen lässt als in die andere. Der Fadenlauf verläuft immer in die Richtung, in der man nicht so weit dehnen kann.

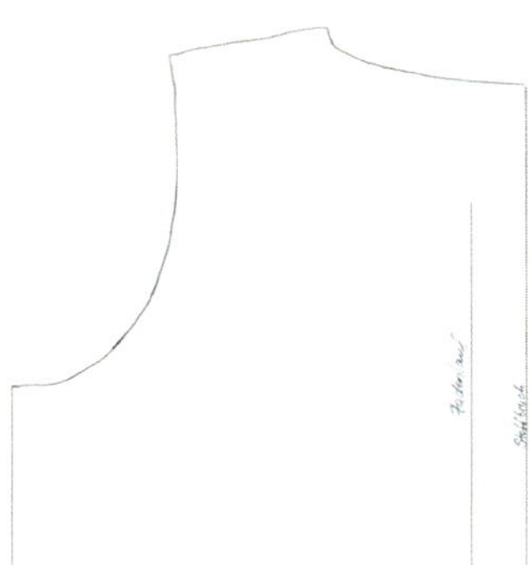

STOFFMUSTER

Achte bei gemusterten Stoffen darauf, wie du die Schnittteile platzierst. Das Muster sollte nicht auf dem Kopf stehen. Auch bei Streifen solltest du darauf achten, dass z. B. Vorder- und Rückteil exakt aufeinanderpassen und sich die Ärmel schön einfügen.

RECHTE UND LINKE STOFFSEITE

Jeder Stoff hat eine rechte und eine linke Stoffseite. Die schöne Seite nennt man rechte Stoffseite. Beim fertigen Kleidungsstück liegt die rechte Stoffseite dann außen.

STOFFBRUCH

Auf einigen Schnittteilen findest du den Begriff Stoffbruch bzw. die Kurzform Bruch. Falte dazu den Stoff im Fadenlauf rechts auf rechts. Es entsteht eine Falte, der sogenannte Stoffbruch.

KNIPSE/MARKIERUNGEN

Im Schnittmuster sind einige Knipse/Markierungen. Übertrage diese auf den Stoff. Knipse sind kleine Einschnitte innerhalb der Nahtzugabe als Markierung, wo Schnittteile aufeinandertreffen sollen. Man nimmt sie auch zur Kennzeichnung von Falten oder Nahtenden.

SCHNITTMUSTER ÜBERTRAGEN

Lege die abgepausten Schnittteile auf den Stoff. Damit sie nicht verrutschen, befestigst du sie am besten mit Stecknadeln oder beschwerst sie mit Gewichten. Da bei unseren Schnittmustern Naht- und Saumzugaben bereits eingerechnet sind, kannst du die Schnitteile genau so übertragen und ausschneiden, wie sie sind.

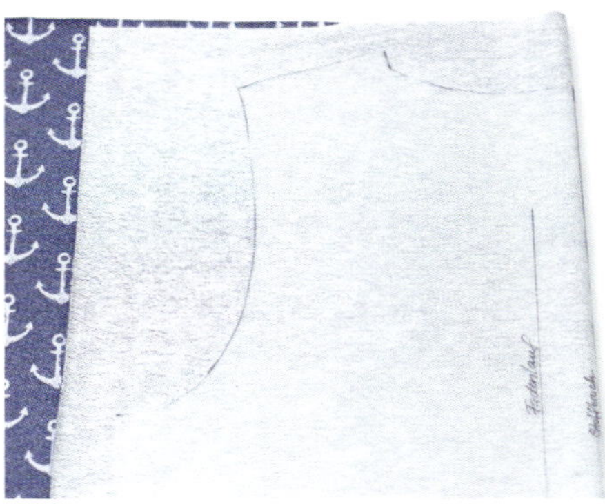

EINLAGEN AUFBÜGELN

Einige Schnittteile wie z. B. Belege werden mit Einlage verstärkt. Bügel erst die Einlage auf den entsprechenden Stoff und schneide dann das Schnittteil aus.

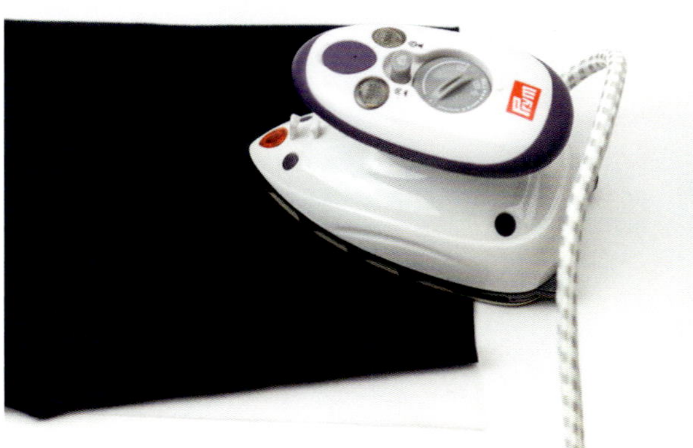

GRUNDANLEITUNGEN

Jedes Kleid besitzt zwar seine individuelle Anleitung, die du anschließend im Projekteteil findest. Damit du die wichtigsten Arbeitsschritte noch mal nachschlagen kannst, werden diese hier detailliert beschrieben.

SÄUME

OFFENKANTIGER SAUM

Da Jersey nicht „aufribbelt", brauchst du den Saum nicht zu versäubern. Schlage den Saum um die gewünschte Länge um (bei den Projekten in diesem Buch: 2 cm), bügle ihn und stecke ihn fest. Steppe nun von rechts den Saum ab.

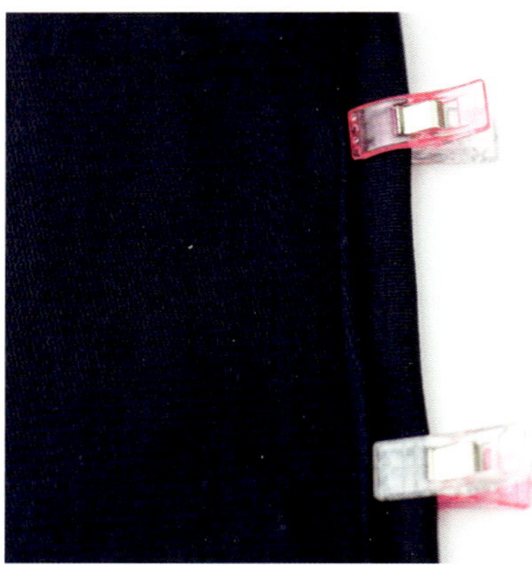

EINGESCHLAGENER SAUM

Bügle den Saum 1 cm nach innen. Schlage nun den restlichen 1 cm des Saums ein und bügle nochmals. Steppe den Saum knappkantig von rechts ab.

FAKESAUM/FAULES BÜNDCHEN

1. Schlage den Saum um das im Schnittmuster eingezeichnete Maß nach oben, falte ihn also rechts auf rechts auf den Ärmel.
2. Die Hälfte davon schlägst du wieder zurück.
3. Stecke die Naht fest.
4. Nähe einmal mit elastischem Stich rundherum, klappe den Saum um und bügle ihn.

BRUSTABNÄHER

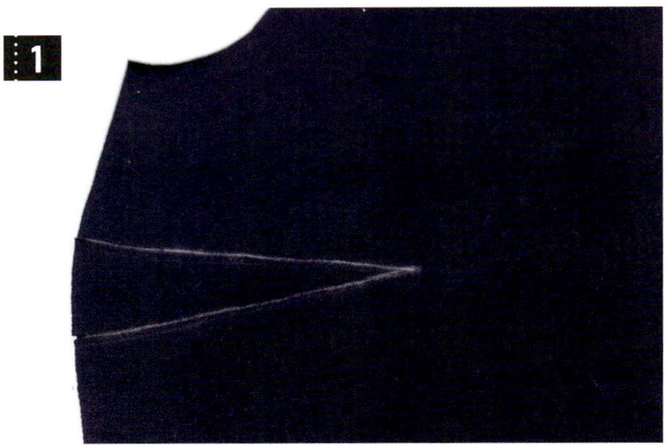

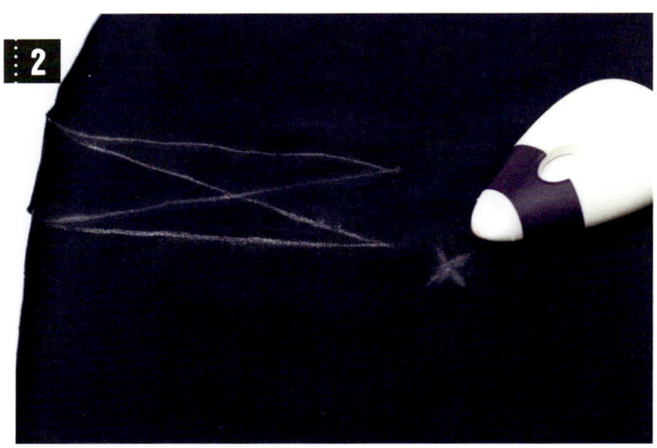

1. Übertrage die Brustabnäher mit Kreide oder einem Trickmarker auf die linke Seite des Stoffes.
2. Möchtest du die Brustabnäher anpassen, ermittelst du zuerst deinen Brustpunkt. Halte dir das Schnittteil für das Vorderteil genau an. Markiere die Mitte deiner Brust, also den Brustpunkt, auf dem Schnittteil. Zeichne den Abnäher neu ein. Er beginnt an der gleichen Stelle wie der ursprüngliche Abnäher und endet ca. 3 cm vor dem Brustpunkt.
3. Lege die Abnäher rechts auf rechts aufeinander, sodass die Knipse genau übereinanderliegen. Stecke nun die Abnäher, beginnend an der Spitze, mit Nadeln ab.
4. Nähe von den Knipsen (Außenkante) mit einem Geradstich bis hin zur Spitze. Das Nahtende (Spitze des Abnähers) wird nicht verriegelt, sondern verknotet. Zuletzt bügle die Abnäher.

GRUNDANLEITUNG „KLEID NÄHEN“

1

2

3

4

1. Lege Vorderteil und Rückenteil rechts auf rechts aufeinander. Stecke die Schulternähte zusammen und nähe sie mit einem Overlockstich.
2. Klappe Vorder- und Rückteil auseinander, mit der rechten Seite nach oben. Lege den Ärmel rechts auf rechts auf den Armausschnitt. Die Knipse (Markierungen) von Ärmel, Vorderteil und Rückteil sollten beim Stecken des Ärmels übereinstimmen.
3. Stecke die Ärmel mit einigen Nadeln oder Klammern fest und nähe sie anschließend an.
4. Klappe das Rückteil auf das Vorderteil und stecke Seiten- und Ärmelnähte fest. Dabei liegen die Teile rechts auf rechts. Achte darauf, dass die Achselnähte genau übereinanderliegen. Anschließend nähst du Ärmelnähte und Seitennähte in einem Rutsch zusammen. Nimm dafür einen dehnbaren Stich.

HALSBÜNDCHEN RUNDHALS

1

2

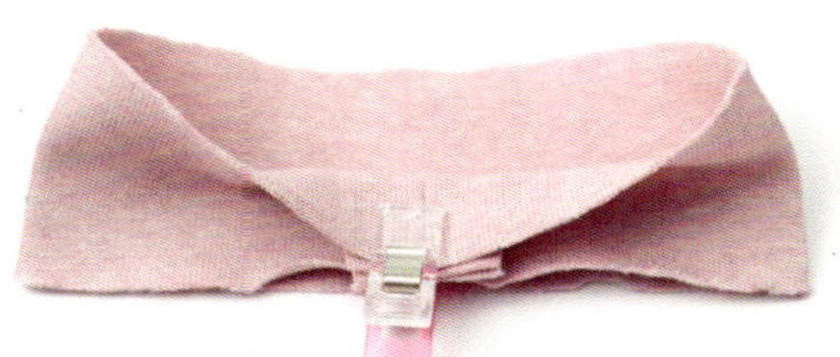

3

4

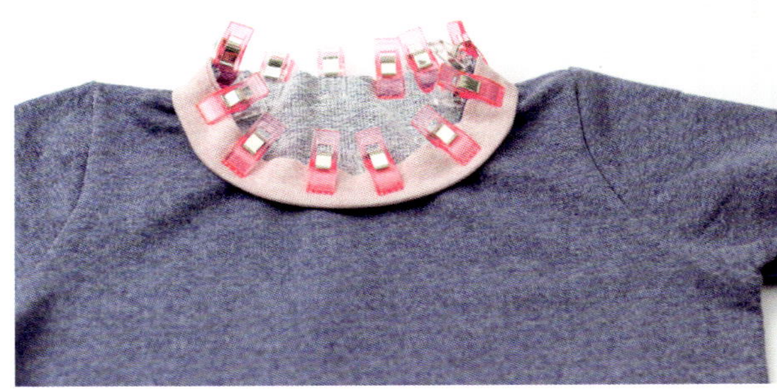

1. Falte das Bündchen zunächst der Länge nach rechts auf rechts und nähe anschließend die offene Seitenkante mit einem Geradstich zu.
2. Streiche die Nahtzugabe an der Seitenkante auseinander und falte das Bündchen in der Höhe links auf links. Damit es gleich einfacher ist, das Bündchen exakt an den Halsausschnitt zu stecken, bügle die Falzkante einmal.
3. Teile das Bündchen mit Nadeln in vier gleichmäßige Teile auf. So kannst du es gleichmäßig an den Halsausschnitt stecken.
4. Stecke das Bündchen rechts auf rechts gedehnt kantenbündig an den Halsausschnitt und nähe es anschließend mit einem dehnbaren Stich an. Klappe das Bündchen zurück. Die Nahtzugabe kann nach Belieben noch abgesteppt werden.

ÄRMELBÜNDCHEN

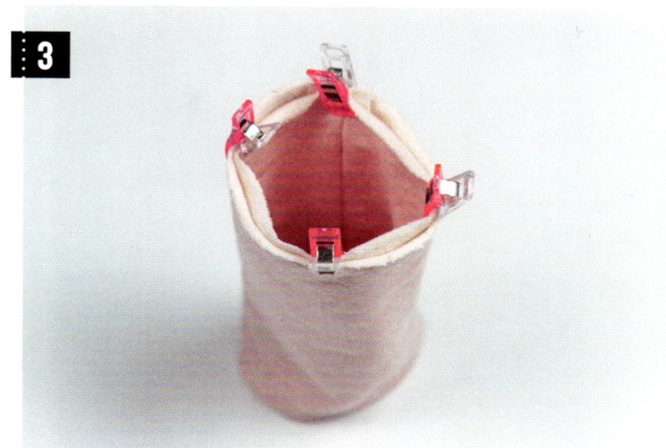

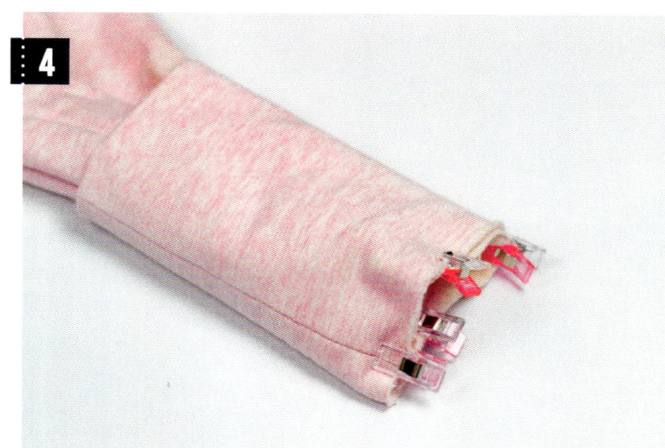

1. Falte das Ärmelbündchen im Fadenlauf rechts auf rechts zusammen und nähe die offene Seitenkante mit einem Geradstich zu.
2. Streiche die Nahtzugabe auseinander.
3. Falte das Bündchen in der Höhe links auf links. Teile es dann in vier gleichmäßige Teile auf und markiere sie mit Klammern oder Stecknadeln.
4. Dann stecke es, mit der offenen Kante nach außen, über den auf links gewendeten Ärmel; die Bündchennaht liegt dabei auf der Ärmelnaht, und die Abschnitte sind gleichmäßig auf den Ärmel verteilt. Nähe das Bündchen mit einem elastischen Stich an und klappe es nach unten. Die Nahtzugabe kannst du nach Belieben noch absteppen.

HALSBÜNDCHEN V-AUSSCHNITT

1

2

3

4

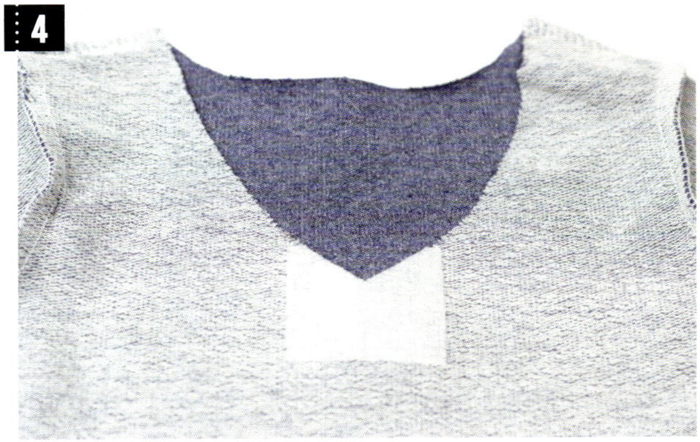

1. Falte das Bündchen rechts auf rechts der Länge nach aufeinander. Anschließend wird das kurze Ende des Bündchens mit einem Geradstich in V-Form zusammengenäht.
2. Klappe das Bündchen auf und schneide die Nahtzugabe bis kurz vor die Naht ein, damit sich das Bündchen besser formen lässt.
3. Forme das Bündchen nun zu einem Ring. Die überstehende Nahtzugabe im V wird zurückgeschnitten. Achte dabei darauf, nicht in die Naht zu schneiden. Bügle das Bündchen.
4. Verstärke die Spitze des Ausschnitts am Shirt mit einem kleinen Stück Einlage.

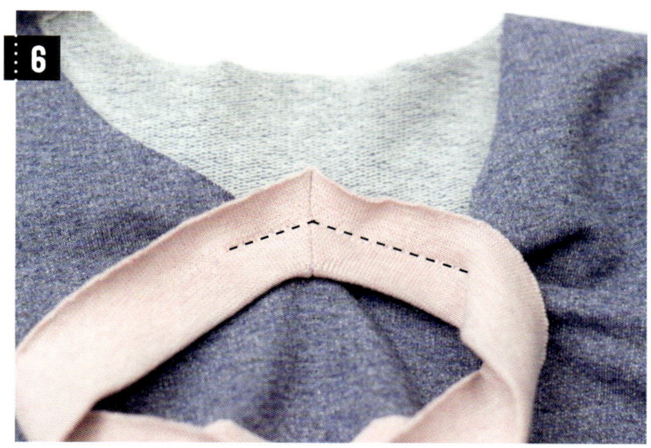

5. Beginne mit der Spitze des Bündchens und stecke dieses rechts auf rechts auf die Mitte des Halsausschnittes. Die offenen Kanten liegen aufeinander.

6. Nähe erst eine Seite der Spitze ein kleines Stückchen fest. Schneide die Nahtzugabe an der Spitze bis kurz vor die Naht ein. Anschließend ziehst du vorsichtig die andere Seite der Spitze zu dir und nähst auch sie mit ein paar Stichen fest.

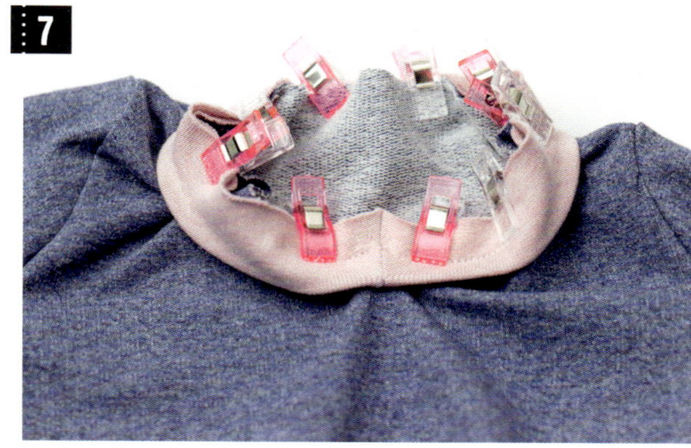

7. Stecke das Halsbündchen gleichmäßig an den Halsausschnitt. Nähe nun das Bündchen rundum mit einem dehnbaren Stich oder der Overlockmaschine am Halsausschnitt fest. Beginne mit dem Nähen an der Spitze des Halsausschnittes und ende dort auch wieder. So bekommst du eine schöne V-Form.

8. Klappe das Bündchen hoch. Die Nahtzugabe kann nach Belieben noch abgesteppt werden.

ÖSEN

1

2

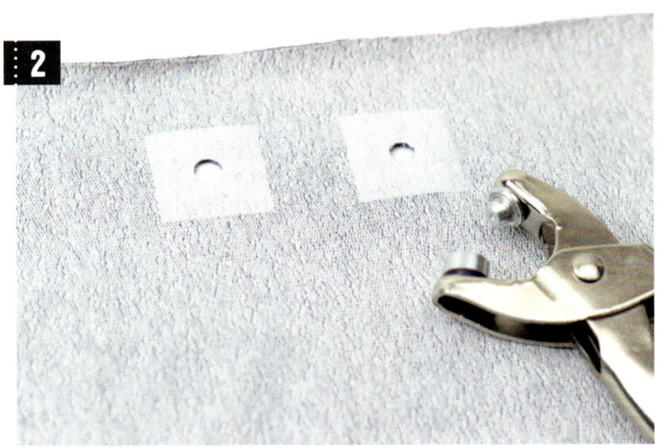

3

1. Markiere die Punkte für die Ösen und verstärke die Rückseite mit Bügeleinlage, damit die Ösen später nicht ausreißen.
2. Mithilfe von Werkzeugen wie z. B. einer Zange stanzt du mittig Löcher vor.
3. Setze die Öse in das Loch ein und stecke dann die Gegenscheibe auf. Mithilfe der Zange nun kräftig zudrücken.

KORDELN EINFASSEN

1. Schneide dir zwei Streifen z. B. aus Leder zu. Für meine Kordelenden nehme ich die Maße 6 x 6 cm.
2. Lege das Kordelende mittig auf die linke Seite des Lederquadrats; das Leder steht noch ca. 1 cm über.
3. Klappe das Lederstück mittig über das Kordelende und stecke es mit Wonderclips fest. Ich empfehle dir, eine Ledernadel und einen Reißverschlussfuß in deine Maschine einzusetzen. Nähe so nah wie möglich an der Kordel entlang.
4. Wenn du sichergehen willst, dass die Kordel nicht aus der Lederhülse rutscht, kannst du auch einmal quer über die Kordel nähen oder aber sie festkleben. Das überstehende Ende des Lederstreifens kannst du nun knappkantig abschneiden.

APPLIZIEREN

1

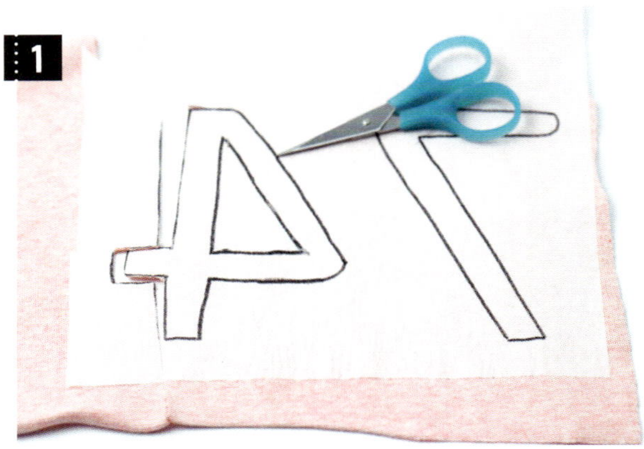

3

2

4

1. Bügle Klebevlies (Vliesofix) auf die linke Seite des Stoffs, den du für die Applikation verwenden willst. So kann dir später nichts mehr verrutschen. Zeichne dann spiegelverkehrt das gewünschte Motiv oder die gewünschte Schriftart auf die Papierseite des Klebevlieses.
2. Anschließend kannst du deine Applikation ausschneiden.
3. Nun kannst du das Papier vom Klebevlies abziehen.
4. Platziere die Applikation auf deinem Kleidungsstück und bügle sie auf. Lege dazu ein Tuch zwischen Applikation und Bügeleisen und presse nur, ohne zu schieben. Mithilfe eines Geradstichs oder Zickzackstichs kannst du anschließend die Applikation entlang der Ränder annähen. Beim Geradstich fransen mit der Zeit die Ränder übrigens effektvoll aus.

PLOTTS

1

2

3

4

1. Öffne die gewünschte Datei im Plottprogramm und passe die Größe des Motivs dem Kleidungsstück an.
2. Vor dem Plotten muss das Motiv ggf. gespiegelt werden, z. B. wenn es sich um Text handelt.
3. Je nach Folie solltest du nun noch das Messer des Plotters einstellen. Plotte nun dein Motiv aus und entgittere es.
4. Nun kannst du dein Plottmotiv aufbügeln.

TIPP
Die Plotts findest du übrigens hier zum Download: www.emf-verlag.de/alles-jersey-kleider-naehen/#tab_download

RAFFEN UND KRÄUSELN

1

2

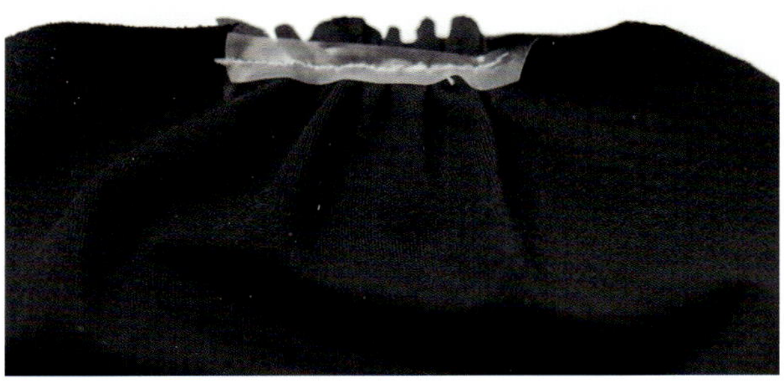

RAFFEN UND KRÄUSELN MIT FRAMILONBAND

1. Markiere auf der linken Stoffseite den Bereich, der gerafft werden soll. Schneide das Framilonband in der gewünschten Länge (Länge des fertig gerafften Stoffabschnitts + 2 cm Nahtzugabe) zu und stecke es 1 cm vor der Markierung fest.
2. Diese Nahtzugabe wird nun ungedehnt fixiert. Anschließend wird das Band auf die Länge des ungerafften Stoffabschnitts gedehnt und mit einem Zickzackstich festgenäht bis zur zweiten Markierung. Nun nähst du das Band noch 1 cm ungedehnt fest, dann kannst du die Naht verriegeln und das überstehende Band abschneiden.

1

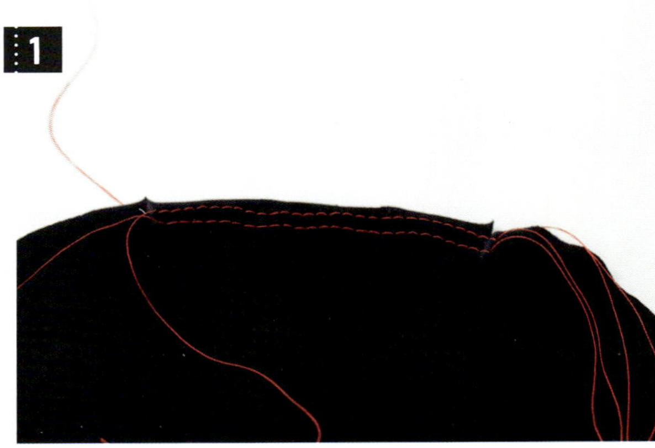

2

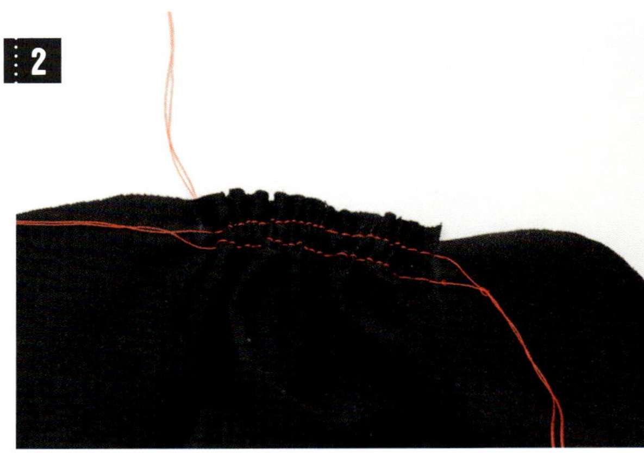

RAFFEN/KRÄUSELN MIT ZWEI FÄDEN

1. Markiere auf der linken Stoffseite den Bereich, der gerafft werden soll. Stelle an deiner Nähmaschine einen langen Geradstich ein. Ziehe nun ca. 10–15 cm Faden durch die Nadel, sodass er dann am Nahtanfang übersteht. Den brauchen wir später als Griff zum Ziehen.
2. Nähe, ohne den Nahtanfang zu verriegeln, innerhalb der Nahtzugabe zwischen den Markierungen mit einem langen Geradstich. Verknote die Enden an einer Seite und ziehe dann gleichmäßig an beiden Fadenenden. Raffe auf die gewünschte Breite. Anschließend die beiden anderen Enden verknoten.

BELEGE

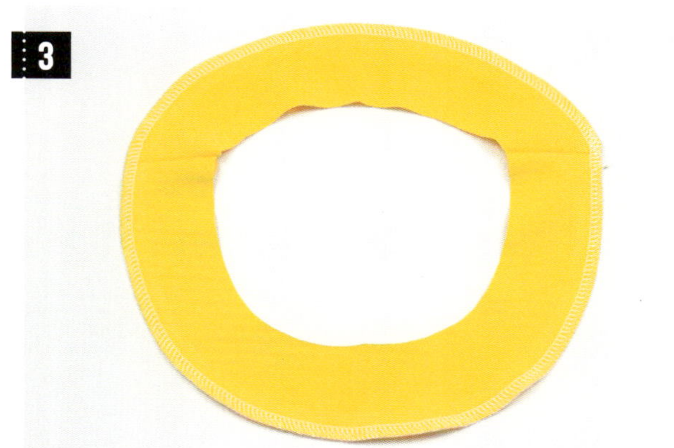

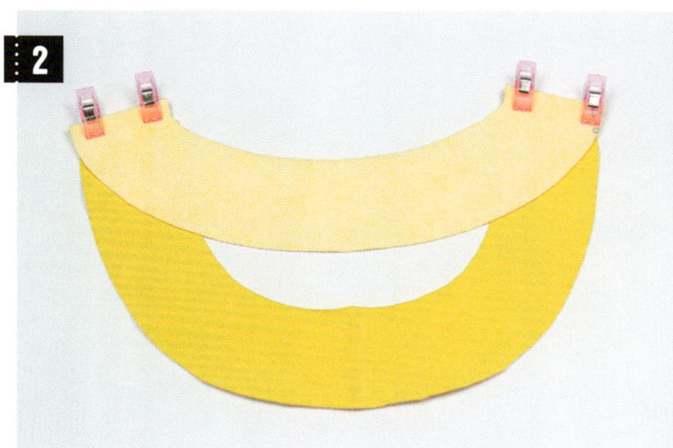

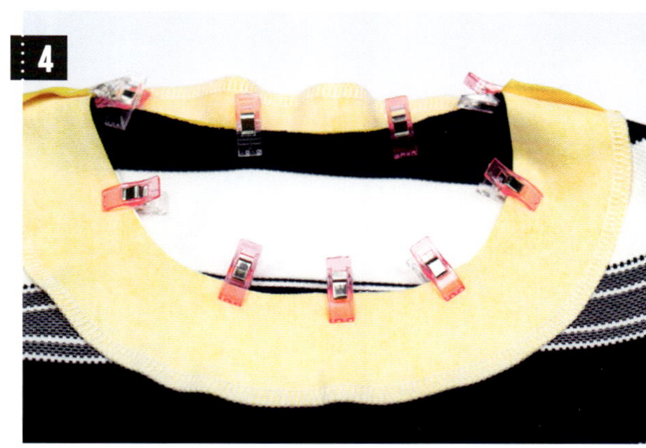

1. Bügle jeweils auf die linke Stoffseite Vlieseline auf und schneide dann die Belege entsprechend dem Schnittmuster zu.
2. Lege die beiden Teile des Halsbelegs rechts auf rechts und schließe die kurzen Seiten.
3. Versäubere den unteren Rand des Belegs.
4. Stecke den Beleg rechts auf rechts auf den Halsausschnitt. Achte darauf, dass Schulternaht auf Schulternaht liegt. Der Beleg liegt bündig mit dem Halsausschnitt. Nähe den Halsbeleg an und klappe ihn nach innen um.

TIPP

Je nachdem, ob dein Kleid eher sportlich oder eher elegant wirken soll, kannst du die Belegnaht von rechts mit elastischem Stich absteppen oder aber den Beleg mit ein paar unauffälligen Handstichen von innen an der Nahtzugabe der Schulternaht fixieren.

PROJEKTE

#EINS

Basics kann man nie genug haben, denn sie lassen sich perfekt kombinieren und stylen. Ob uni, gestreift oder mit Muster: Trage dein Kleid im Sommer solo oder im Winter zusammen mit selbstgenähten Leggings.

MATERIAL

- Jersey in Blau-Weiß gestreift
  Gr. 34–36: 115 cm
  Gr. 38–40: 120 cm
  Gr. 42–46: 140 cm
- Jersey in Gelb: 25 cm
- Vlieseline H 180: 25 cm

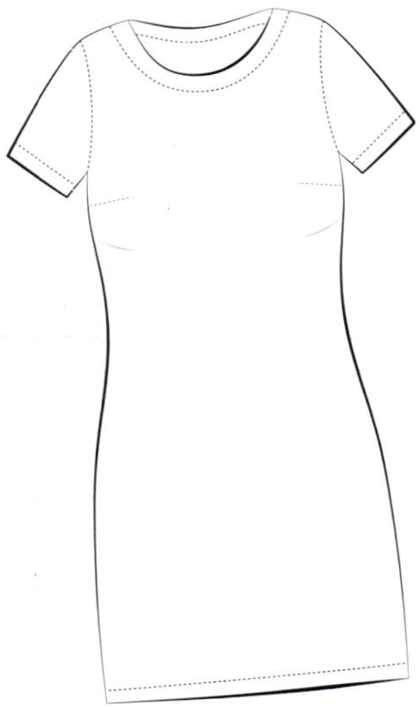

ZUSCHNITT

AUS GESTREIFTEM JERSEY:

- 1x Vorderteil (SB 1) im Bruch
- 1x Rückteil (SB 1) im Bruch
- 2x Ärmel (SB 1) gegengleich

AUS EINLAGE:

- 1x vorderer Halsbeleg (SB 1) im Bruch
- 1x hinterer Halsbeleg (SB 1) im Bruch

AUS GELBEM JERSEY:

- 1x vorderer Halsbeleg (SB 1) im Bruch
- 1x hinterer Halsbeleg (SB 1) im Bruch

Alle nötigen Naht- und Saumzugaben sind in den Schnittmustern bereits eingerechnet. Die Schnittmuster „Vorderteil" und „Rückteil" sind in zwei Teilen auf den angegebenen Bogen. Bitte füge die Schnittteile nach dem Abpausen an der Klebelinie zusammen.

LOS GEHT'S

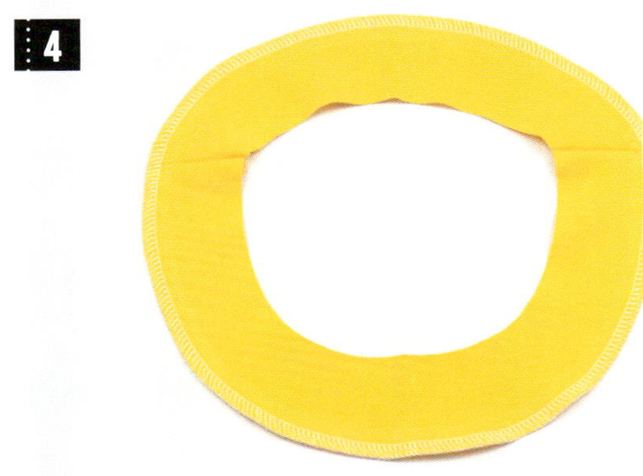

1. Nähe zuerst die Brustabnäher (siehe S. 32). Dann lege Vorderteil und Rückenteil (rechts auf rechts) aufeinander. Stecke die Schulternähte zusammen und nähe sie mit einem Overlockstich. Klappe die Teile auseinander.

2. Lege den Ärmel rechts auf rechts auf den Armausschnitt. Die Knipse (Markierungen) von Ärmel und Vorderteil sollten beim Stecken des Ärmels übereinstimmen. Stecke die Ärmel fest und nähe sie anschließend mit einem dehnbaren Stich ein.

3. Klappe das Rückteil auf das Vorderteil und stecke Seitennähte und Ärmel fest. Dabei liegen die Teile rechts auf rechts. Anschließend nähst du alles mit einem dehnbaren Stich zusammen.

4. Schließe die Halsbelege zu einem Ring und versäubere den unteren Rand (siehe S. 36).

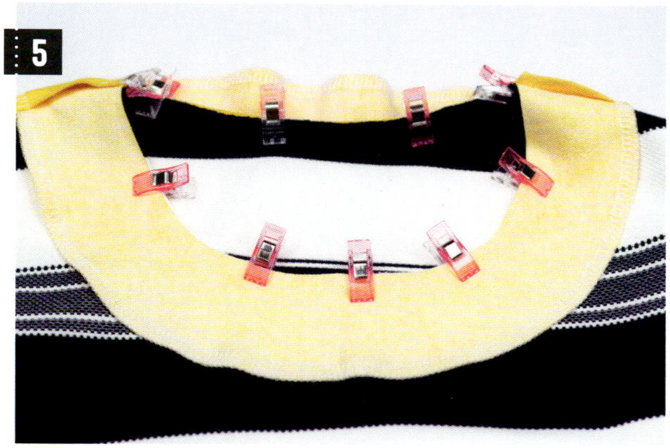

5. Stecke den Beleg rechts auf rechts auf den Halsausschnitt. Achte darauf, dass Schulternaht auf Schulternaht liegt. Der Beleg liegt bündig mit dem Halsausschnitt. Nähe den Halsbeleg an.

6. Klappe den Beleg nach innen und bügle anschließend die Kanten.

7. Nähe den unteren Saum als Fakesaum/faules Bündchen (siehe S. 31).

8. Ärmelsaum: Bügle den Saum 1 cm nach innen. Schlage nun den restlichen 1 cm des Saums ein und bügle nochmals. Steppe den Saum knappkantig von rechts ab.

TIPP

Fixiere den Beleg entweder mit einem Blindstich am Ausschnitt oder mit ein paar Stichen an der Nahtzugabe der Schulternaht, um ein Verrutschen zu verhindern.

#ZWEI

Mit einem farbig abgesetzten oder gemusterten Bündchen am V-Ausschnitt wird das Kleid leicht und effektiv aufgepeppt. Je nach Stoffauswahl ist es sowohl büro- als auch freizeittauglich und damit ein echtes Allroundtalent.

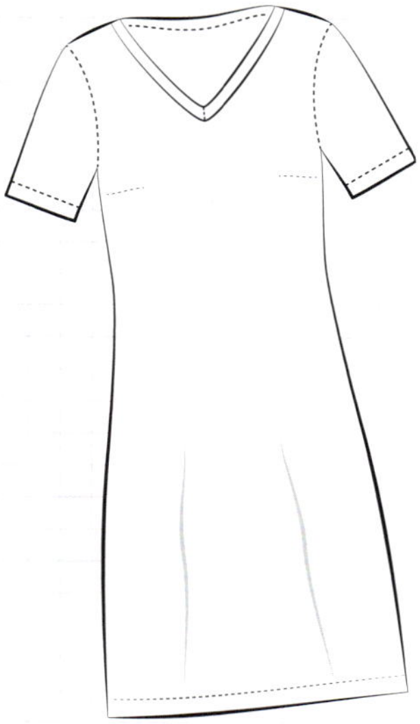

MATERIAL

- Scuba in Dunkelblau
  Gr. 34–40: 125 cm
  Gr. 42–44: 140 cm
  Gr. 46: 155 cm
- Bündchenware in Blau-Weiß gestreift: 25 cm

ZUSCHNITT

AUS DUNKELBLAUEM SCUBA:

- 1x Vorderteil (SB 1) im Bruch
- 1x Rückteil (SB 1) im Bruch
- 2x Ärmel (SB 1) gegengleich

AUS BÜNDCHENWARE:

- 1x Halsbündchen (SB 1) im Bruch

Alle nötigen Naht- und Saumzugaben sind in den Schnittmustern bereits eingerechnet. Die Schnittmuster „Vorderteil" und „Rückteil" sind in zwei Teilen auf den angegebenen Bogen. Bitte füge die Schnittteile nach dem Abpausen an der Klebelinie zusammen.

LOS GEHT'S

1
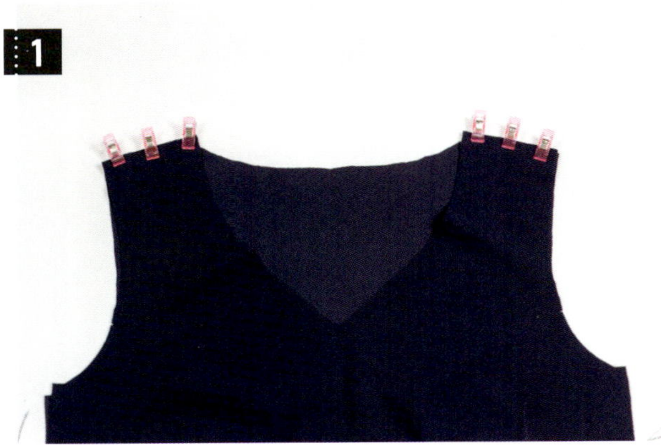

3

2

4

1. Nähe zuerst die Brustabnäher (siehe S. 32). Lege dann Vorderteil und Rückteil (rechts auf rechts) aufeinander. Stecke die Schulternähte zusammen und nähe sie mit einem Overlockstich.

2. Klappe Vorder- und Rückteil auseinander und lege den Ärmel rechts auf rechts auf den Armausschnitt. Die Knipse (Markierungen) von Ärmel und Vorderteil sollten beim Stecken des Ärmels übereinstimmen. Stecke die Ärmel fest und nähe sie anschließend mit einem dehnbaren Stich ein.

3. Klappe das Rückteil auf das Vorderteil und stecke Seitennähte und Ärmel fest. Dabei liegen die Teile rechts auf rechts. Anschließend nähst du alles mit einem dehnbaren Stich zusammen.

4. Bereite das Halsbündchen vor, wie in der Grundanleitung „Halsbündchen V-Ausschnitt" beschrieben (siehe S. 36).

5. Nähe den V-Ausschnitt wie auf S. 36 beschrieben fertig.

6. Nähe an den Ärmeln einen offenkantigen Saum, wie auf S. 30, beschrieben. Den Kleidersaum nähst du als Fakesaum/faules Bündchen, siehe S. 31.

#DREI

Der figurnahe Schnitt des Oberteils betont weibliche Kurven. Die verspielt gerafften Ärmel und der weitschwingende Tellerrock lassen die Herzen großer Mädchen höher schlagen.

MATERIAL

- Jersey mit Blumenprint
  Gr. 34–36: 150 cm
  Gr. 38–40: 160 cm
  Gr. 42–46: 185 cm

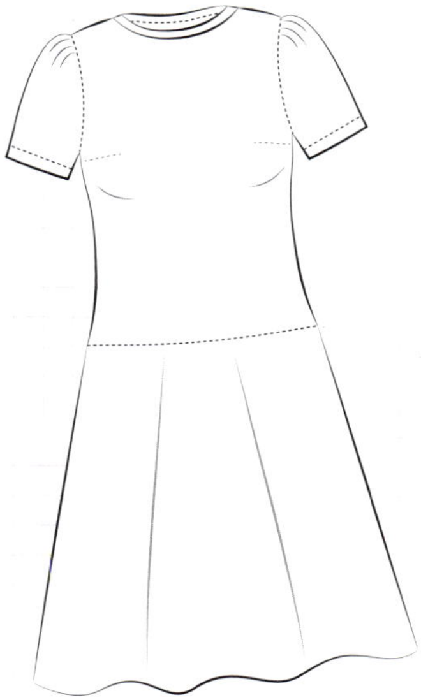

ZUSCHNITT

AUS FLORALEM JERSEY:

- 1x Vorderteil (SB 2) im Bruch
- 1x Rückteil (SB 2) im Bruch
- 2x Ärmel (SB 1) gegengleich
- 2x Rockteil (SB 2) im Bruch
- 1x Halsstreifen (SB 2) im Bruch

Alle nötigen Naht- und Saumzugaben sind in den Schnittmustern bereits eingerechnet.

LOS GEHT'S

1. Nähe zuerst die Brustabnäher (siehe S. 32). Lege Vorderteil und Rückteil (rechts auf rechts) aufeinander. Stecke die Schulternähte zusammen und nähe sie mit einem Overlockstich.

2. Kräusle den Ärmel laut den Markierungen im Schnittmuster. In der Grundanleitung findest du Näheres dazu (siehe S. 42).

3. Lege den Ärmel rechts auf rechts auf den Armausschnitt. Die Knipse (Markierungen) von Ärmel und Vorderteil sollten beim Stecken des Ärmels übereinstimmen. Stecke die Ärmel fest und nähe sie anschließend mit einem dehnbaren Stich ein.

4. Klappe das Rückteil rechts auf rechts auf das Vorderteil und stecke Seitennähte und Ärmel fest. Nähe alles mit einem dehnbaren Stich zusammen.

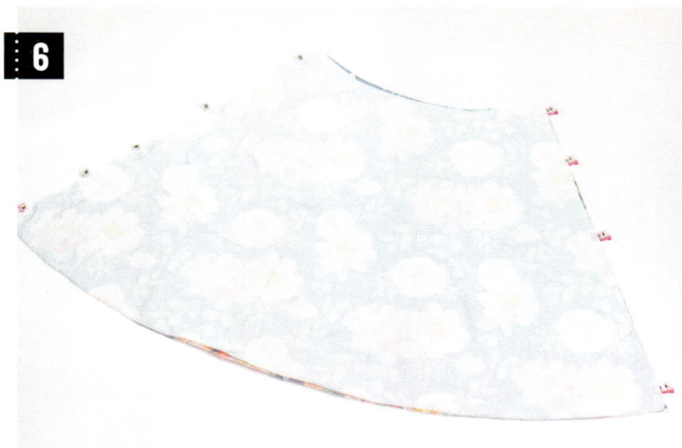

5. Bereite anschließend das Halsbündchen, wie in der Grundanleitung „Halsbündchen Rundhals“ (siehe S. 34) beschrieben, vor.

6. Lege die Rockteile rechts auf rechts und schließe die Seitennähte.

7. Wende das Rockteil auf rechts und lege es, mit der Taillenkante zu dir zeigend, vor dich ihn. Stülpe das Oberteil – linke Seite nach außen – über das Rockteil, sodass beide Teile rechts auf rechts liegen. Rock und Oberteil werden nun an der Taillenkante gleichmäßig aneinander festgesteckt. Nähe anschließend beide Teile mit einem dehnbaren Stich zusammen.

8. Rock- und Ärmelsaum 1 cm nach innen legen und bügeln. Klappe den Saum nochmals um 1 cm nach innen. Stecke ihn fest und nähe den Saum fest. Für den Ärmelsaum brauchst du dabei einen elastischen Stich, für den Rocksaum kannst du auch einen Geradstich verwenden.

#VIER

Ob im Urlaub, am Strand oder für den Bummel durch die sommerliche Innenstadt: Das Sommerkleid ist schnell genäht und mit dem Satinband in der Mitte hat es auch einen tollen Hingucker.

MATERIAL

- Jersey in Rot-Weiß gestreift
  Gr. 34–36: 130 cm
  Gr. 38–42: 135 cm
  Gr. 44: 150 cm
  Gr. 46: 175 cm
- Satinband in Weiß in einer Breite von 3 cm, Länge 150 cm
- 2x Kordelstopper in Silber
- Vlieseline H 180: 25 cm

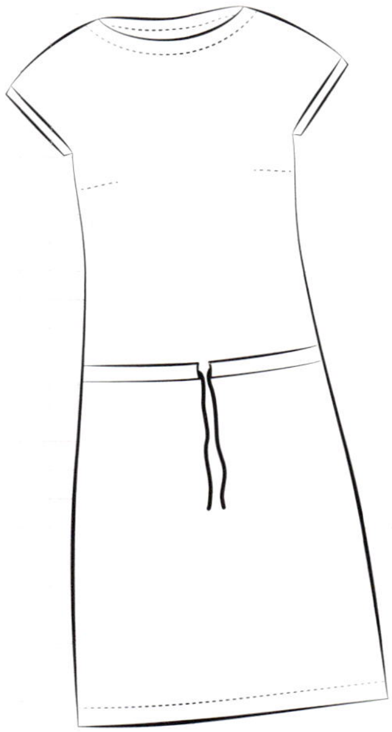

ZUSCHNITT

AUS GESTREIFTEM JERSEY:

- 1x Vorderteil (SB 2) im Bruch
- 1x Rückteil (SB 2) im Bruch
- 2x Ärmelstreifen (SB 2) gegengleich
- 1x Halsbeleg vorne (SB 2) im Bruch
- 1x Halsbeleg hinten (SB 2) im Bruch
- 1x Tunnelzug (SB 2) im Bruch

AUS EINLAGE:

- 1x Halsbeleg vorne (SB 2) im Bruch
- 1x Halsbeleg hinten (SB 2) im Bruch

Alle nötigen Naht- und Saumzugaben sind in den Schnittmustern bereits eingerechnet. Die Schnittmuster „Vorderteil" und „Rückteil" sind in zwei Teilen auf den angegebenen Bogen. Bitte füge die Schnittteile nach dem Abpausen an der Klebelinie zusammen.

LOS GEHT'S

1

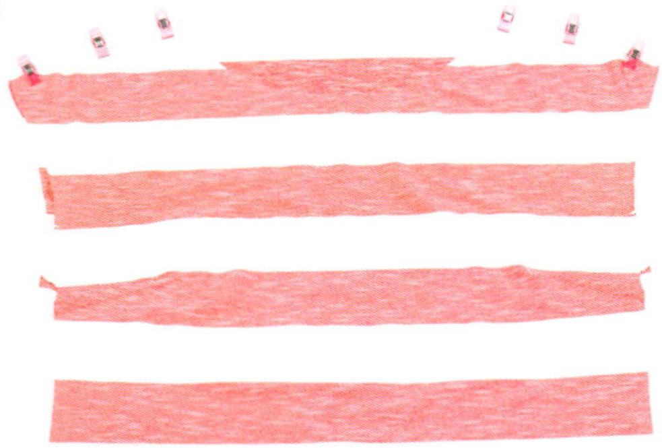

3

2

4

1. Nähe zuerst die Brustabnäher (siehe S. 32). Lege dann Vorderteil und Rückteil rechts auf rechts aufeinander. Stecke die Schulternähte zusammen und nähe sie mit einem Overlockstich.

2. Klappe das Rückteil rechts auf rechts auf das Vorderteil und stecke die Seitennähte fest. Anschließend nähst du sie mit einem dehnbaren Stich zusammen. Dabei lässt du die Armausschnitte offen.

3. Der Ärmelstreifen wird auf dieselbe Art zum Ring genäht wie ein Rundhalsbündchen (siehe S. 34).

4. Stecke den Ärmelstreifen rechts auf rechts leicht gedehnt an den Armausschnitt und nähe ihn anschließend mit einem dehnbaren Stich an.

5

6

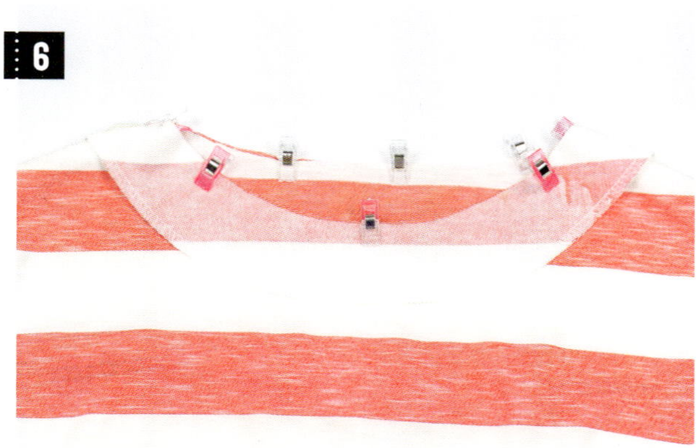

7

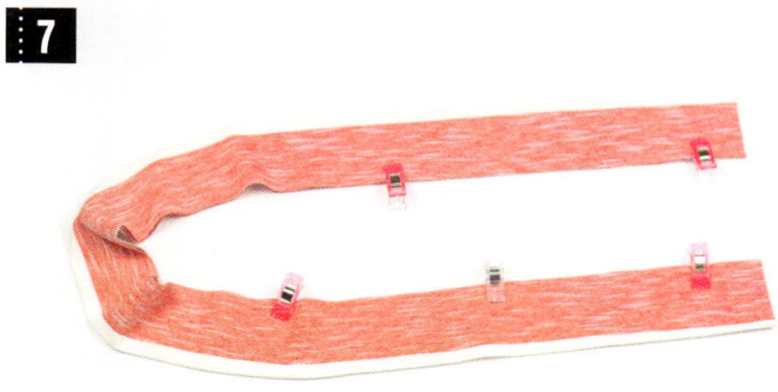

8

5. Schließe die Halsbelege zu einem Ring und versäubere den unteren Rand (siehe S. 43).

6. Stecke den Beleg rechts auf rechts auf den Halsausschnitt. Achte darauf, dass Schulternaht auf Schulternaht liegt. Der Beleg liegt bündig mit dem Halsausschnitt. Nähe den Halsbeleg an, klappe ihn nach innen und bügle anschließend die Kanten.

TIPP

Fixiere die Belege entweder mit einem Blindstich oder mit ein paar Stichen an der Nahtzugabe der Schulternaht, um ein Verrutschen zu verhindern.

7. Falte den Tunnelstreifen der Länge nach rechts auf rechts und schließe die lange Kante mit einem dehnbaren Stich. Wende den Tunnel mithilfe einer Stecknadel oder eines Wendewerkzeugs.

8. Die kurzen Enden werden jeweils 1 cm nach innen geschlagen und anschließend von außen abgesteppt. Achte darauf, den Tunnel nicht zuzunähen.

9

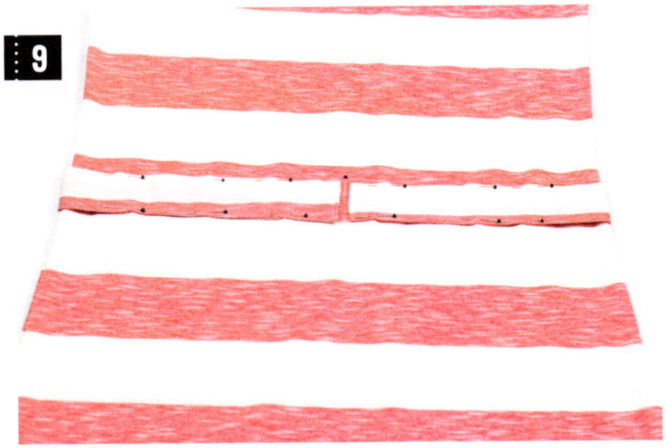

11

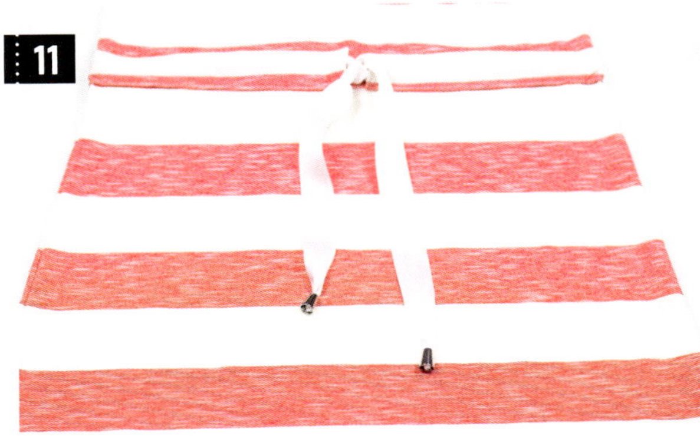

10

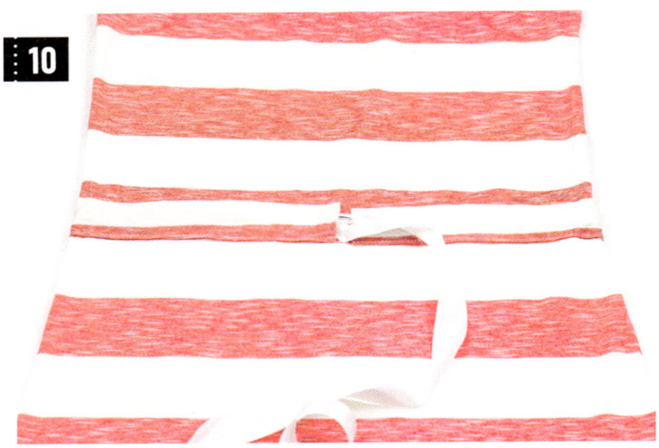

12

9. Stecke den fertigen Tunnel laut Markierungen im Schnitt fest und nähe ihn anschließend mit einem elastischen Stich entlang beiden Längskanten auf.

10. Ziehe nun das Satinband ein. Am besten funktioniert dies mit einer Sicherheitsnadel.

11. Fädle die Enden des Satinbands durch die Kordelstopper. Damit sie nicht wieder herunterrutschen, verknotest du die Enden.

12. Nähe den Kleidsaum als Fakesaum/faules Bündchen (siehe S. 31).

eine Init
akt
ho

#FÜNF

Ein Maxikleid für tolle Sommerabende mit lässigem Bindegürtel.
Aus Stoff im Retro-Design wird es zum Hingucker!

MATERIAL

- Viskose-Jersey mit Retroprint
  Gr. 34–36: 310 cm
  Gr. 38–46: 315 cm
- Vlieseline H 180: 25 cm

ZUSCHNITT

AUS VISKOSE-JERSEY:

- 1x Vorderteil (SB 3) im Bruch
- 1x Rückteil (SB 3) im Bruch
- 2x Armlochbeleg vorne (SB 2) gegengleich
- 2x Armlochbeleg hinten (SB 2) gegengleich
- 1x Halsausschnittbeleg vorne (SB 2) im Bruch
- 1x Halsauschnittbeleg hinten (SB 2) im Bruch
- 2x Gürtelteil (SB 2) im Bruch

AUS EINLAGE:

- 2x Armlochbeleg vorne (SB 2) gegengleich
- 2x Armlochbeleg hinten (SB 2) gegengleich
- 1x Halsausschnittbeleg vorne (SB 2) im Bruch
- 1x Halsausschnittbeleg hinten (SB 2) im Bruch

Alle nötigen Naht- und Saumzugaben sind in den Schnittmustern bereits eingerechnet. Die Schnittmuster „Vorderteil" und „Rückteil" sind in drei Teilen, das „Gürteilteil" in zwei Teilen auf den angegebenen Bogen. Bitte füge die Schnittteile nach dem Abpausen an der Klebelinie zusammen.

LOS GEHT'S

1

3

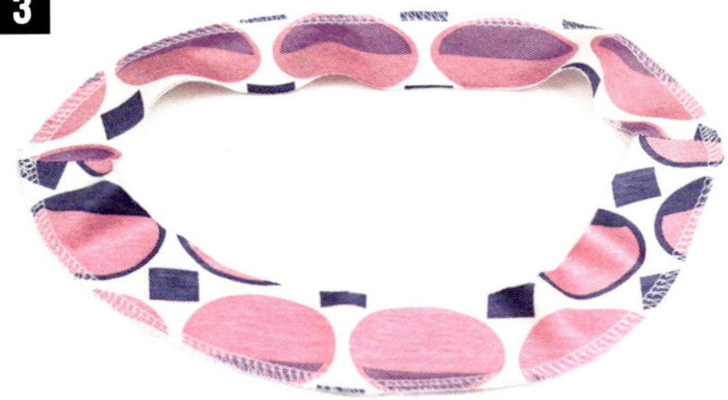

2

4

1. Nähe zuerst die Brustabnäher (siehe S. 32). Lege Vorderteil und Rückteil rechts auf rechts aufeinander. Stecke die Schulternähte zusammen und nähe sie mit einem Overlockstich.

2. Klappe das Rückteil rechts auf rechts auf das Vorderteil und stecke die Seitennähte fest. Anschließend nähst du sie mit einem dehnbaren Stich zusammen; lass dabei die Armausschnitte offen.

3. Bügle die Vlieseinlage auf die Halsbelege auf. Schließe die Halsbelege zu einem Ring und versäubere den unteren Rand (siehe S. 43).

4. Stecke den Beleg rechts auf rechts auf den Halsausschnitt. Achte darauf, dass Schulternaht auf Schulternaht liegt. Der Beleg liegt bündig mit dem Halsausschnitt. Nähe den Halsbeleg an, klappe ihn nach innen und bügle anschließend die Kanten.

5

6

7

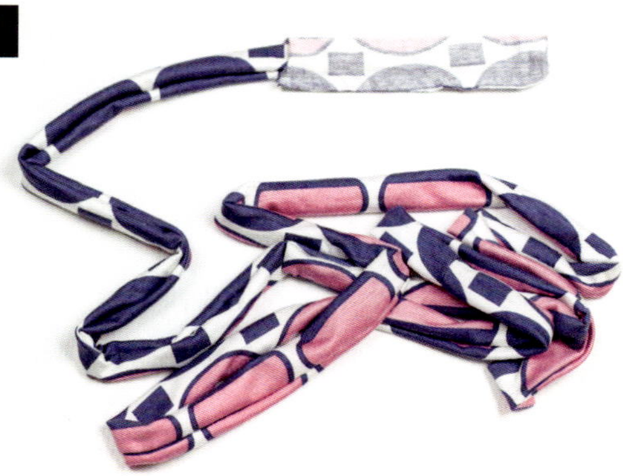

8

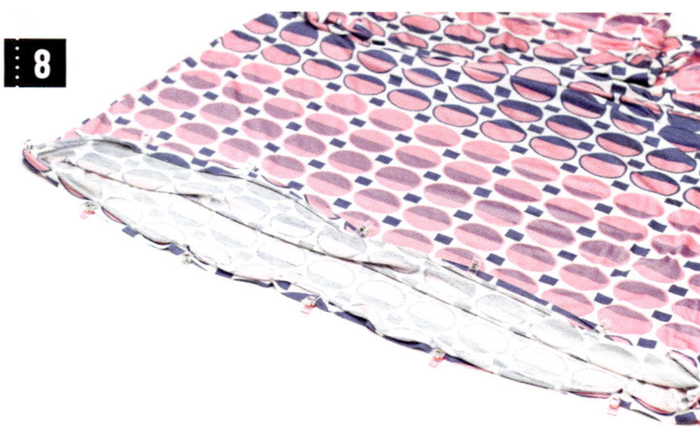

5. Das Schnittteil Armlochbeleg wird ebenfalls mit Vlieseline versehen und auf dieselbe Art genäht und am Kleid angebracht wie der Halsbeleg (siehe S. 43).

6. Lege beide Teile des Bindegürtels an einem kurzen Ende rechts auf rechts aufeinander und nähe sie an der kurzen Naht zusammen. Klappe den Streifen auf und lege nun die langen Seiten rechts auf rechts. Schließe die Längsnaht mit einem dehnbaren Stich.

7. Wende den Gürtel durch die kurze Seite auf rechts. Anschließend stülpst du die kurzen Enden um 1 cm nach innen und steppst sie von rechts ab, wobei du sie schließt.

8. Lege den Rocksaum 1 cm nach innen und bügle ihn. Klappe den Saum nochmals um 1 cm nach innen. Stecke ihn fest und nähe den Saum z. B. mit einem Geradstich fest.

TIPP

Fixiere den Beleg entweder mit einem Blindstich oder mit ein paar Stichen an der Nahtzugabe der Schulternaht, um ein Verrutschen zu verhindern.

#SECHS

Dieses Kleid mit Wickelrock hat Pepp! Mit einer kontrastierenden Spitzenborte am Rock entwickelt es Retro-Charme.

MATERIAL

- Sweat in Rosa meliert
  Gr. 34–38: 165 cm
  Gr. 40–44: 195 cm
  Gr. 46: 205 cm
- graue Spitze: 350 cm
- Vlieseline H 180: ca. 25 cm
- Bündchen: 35 cm

ZUSCHNITT

AUS ROSA SWEAT:

- 1x Vorderteil oben (SB 3) im Bruch
- 1x Rückteil oben (SB 3) im Bruch
- 2x Ärmel (SB 2) gegengleich
- 1x Halsausschnittbeleg vorne (SB 2) im Bruch
- 1x Halsausschnittbeleg hinten (SB 2) im Bruch
- 1x vorderes Rockteil mit Falten (SB 4)
- 1x vorderes Rockteil ohne Falten (SB 4)
- 1x hinteres Rockteil (SB 3) im Bruch
- 2x Saumbeleg vorne (SB 3) gegengleich
- 1x Saumbeleg hinten (SB 3)

AUS BÜNDCHENWARE:

- 2x Ärmelbündchen (SB 2) im Bruch

AUS EINLAGE:

- 1x Halsausschnittbeleg vorne (SB 2) im Bruch
- 1x Halsausschnittbeleg hinten (SB 2) im Bruch

AUS SPITZE:

- 1x in der Länge des zusammengesetzten unteren Rocksaums

Alle nötigen Naht- und Saumzugaben sind in den Schnittmustern bereits eingerechnet.

LOS GEHT'S

1

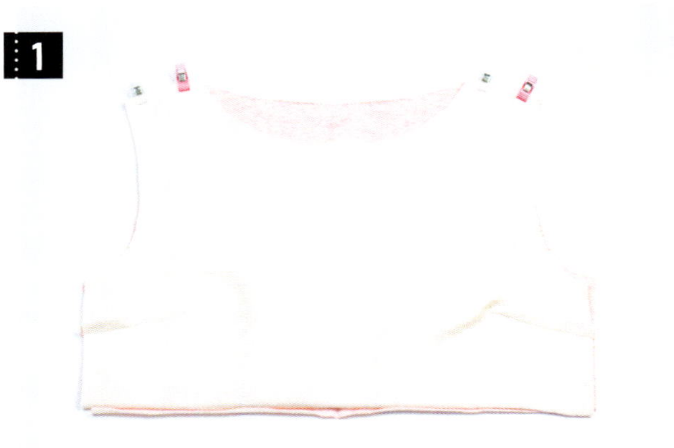

3

2

4

1. Nähe zuerst die Brustabnäher (siehe S. 32). Lege vorderes und hinteres Oberteil rechts auf rechts aufeinander. Stecke die Schulternähte zusammen und nähe sie mit einem Overlockstich. Klappe dann die Teile auseinander.

2. Lege den Ärmel rechts auf rechts auf den Armausschnitt. Die Knipse (Markierungen) von Ärmel und Vorderteil sollten beim Stecken des Ärmels übereinstimmen. Stecke die Ärmel fest und nähe sie anschließend mit einem dehnbaren Stich ein.

3. Klappe das hintere auf das vordere Oberteil und stecke Seitennähte und Ärmel fest. Dabei liegen die Teile rechts auf rechts. Anschließend nähst du alles mit einem dehnbaren Stich zusammen.

4. Schließe die Halsbelege zu einem Ring und versäubere den unteren Rand (siehe S. 43).

5. Stecke den Beleg rechts auf rechts auf den Halsausschnitt. Achte darauf, dass Schulternaht auf Schulternaht liegt. Der Beleg liegt bündig mit dem Halsausschnitt. Nähe den Halsbeleg an, klappe ihn nach innen und bügle anschließend die Kanten.

6. Übertrage am rechten vorderen Rockteil (das die abgerundete Kante links hat) die Falten-Markierungen vom Schnittmuster auf die linke Seite des Stoffes.

TIPP

Fixiere den Beleg entweder mit einem Blindstich oder mit ein paar Stichen an der Nahtzugabe der Schulternaht, um ein Verrutschen zu verhindern.

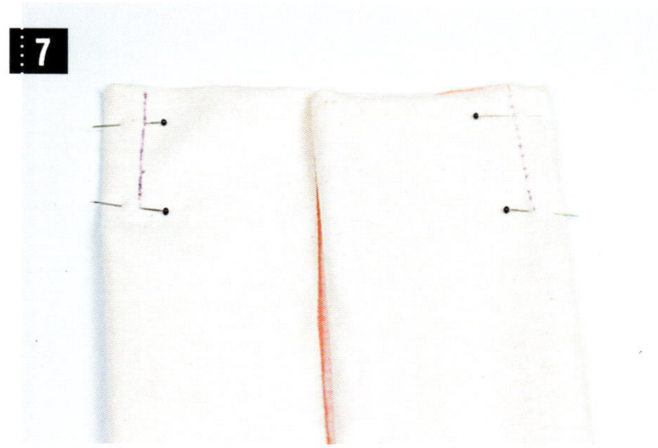

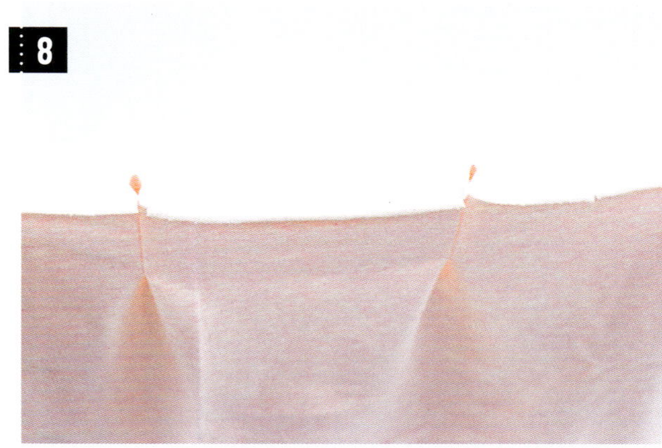

7. Lege jeweils beide Linien aufeinander. Nähe entlang der Linie mit einem Geradstich bis zum Ende der Markierung.

8. Wenn du von oben auf das vordere Rockteil mit den Falten schaust, sollte es nun so aussehen.

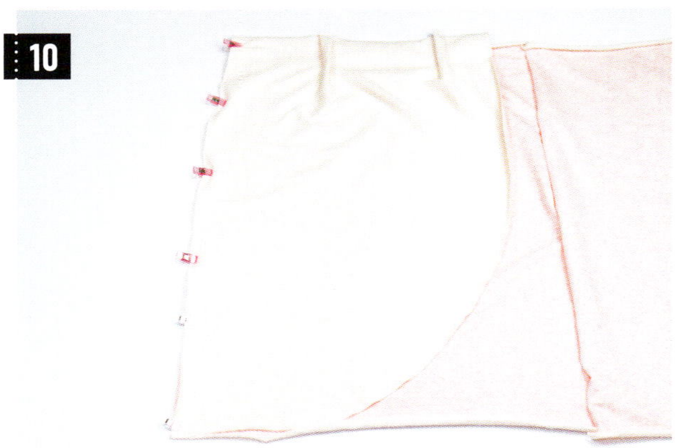

9. Bügle die Falten und steppe sie anschließend innerhalb der Nahtzugabe ab.

10. Zum Zusammensetzen lege zunächst das rechte vordere Rockteil rechts auf rechts auf das hintere Rockteil. Stecke die Seitennaht fest.

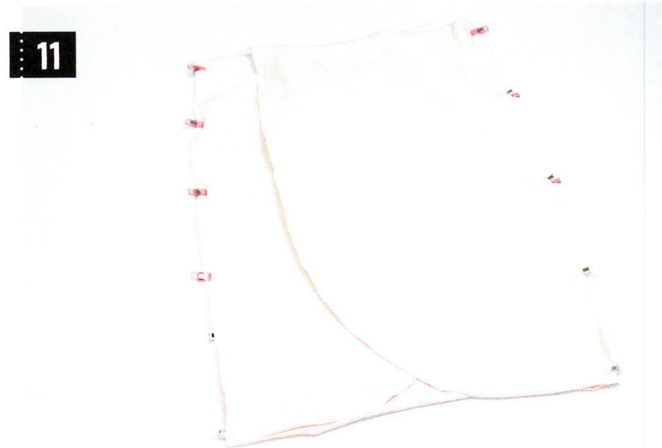

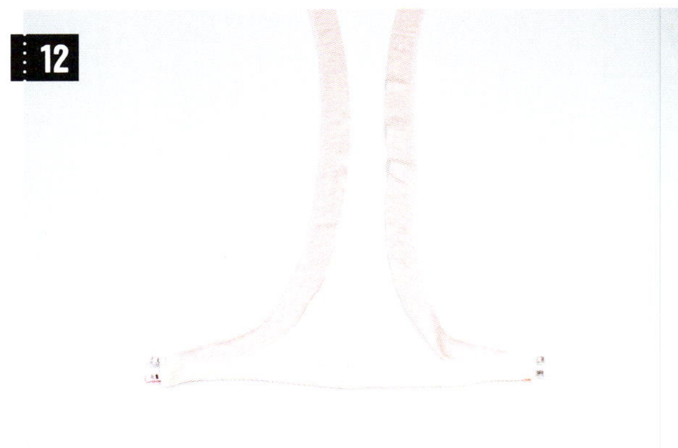

11. Stecke nun das linke vordere Rockteil fest. Dabei liegen die Teile rechts auf rechts. Anschließend nähst du die Rockseitennähte mit einem dehnbaren Stich zusammen.

12. Stecke den hinteren Saumbeleg rechts auf rechts auf die vorderen Saumbelege. Schließe die kurzen Kanten.

TIPP

Schneide die Spitze mindestens 15 cm länger zu. So hast du genug Spielraum, falls sich der Beleg und der Stoff beim Nähen verziehen sollten.

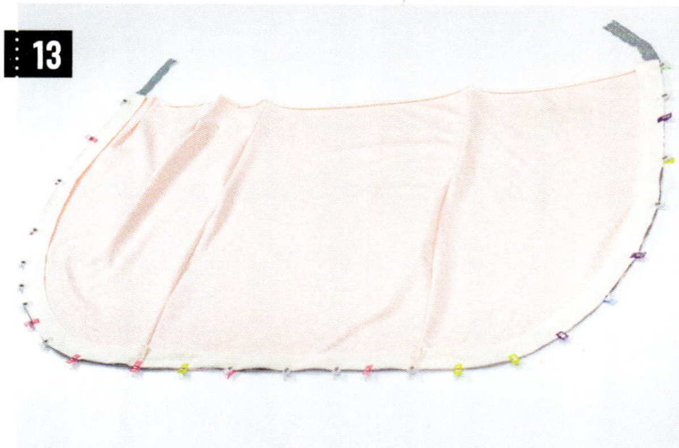

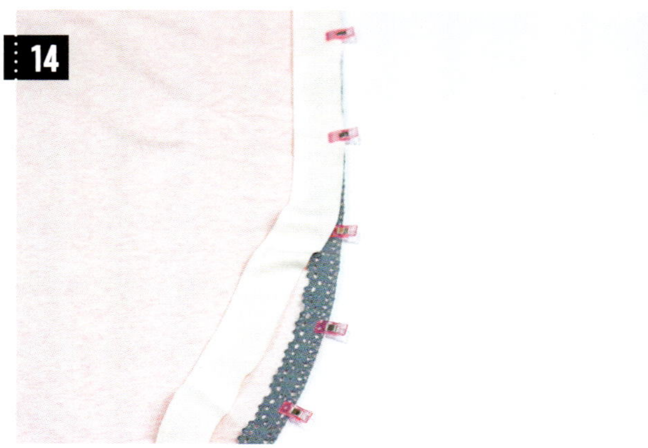

13. Klappe das Wickelrockteil auf, die rechte Stoffseite zu dir zeigend. Stecke zuerst die Spitze, dann den Beleg rechts auf rechts rundum fest.

14. Die Spitze liegt dabei zwischen Beleg und Rocksaum. Anschließend nähst du den Beleg und die Spitze mit einem dehnbaren Stich an die Rockkante.

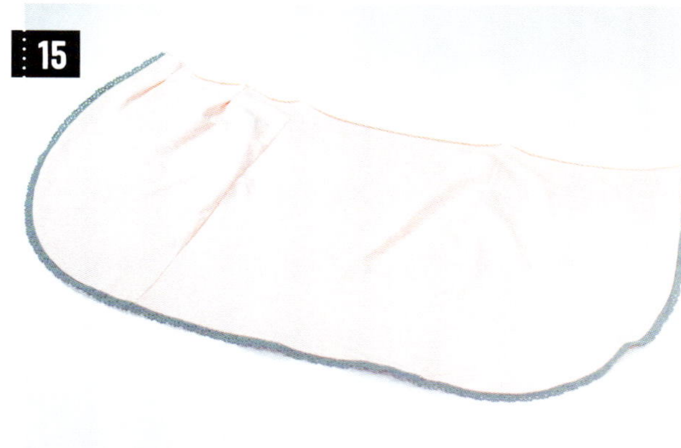

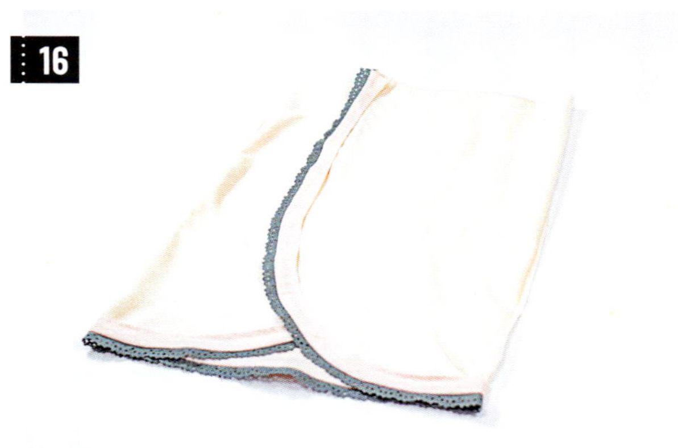

15. Bügle den Beleg nach innen, fixiere ihn nach Belieben mit Saumband und steppe ihn rundum fest.

16. Schlage erst das rechte vordere Rockteil (das mit den Falten) auf das hintere Rockteil und dann das linke vordere Rockteil. Die Teile liegen dabei rechts auf rechts. Fixiere die beiden vorderen Rockteile am oberen Rand innerhalb der Nahtzugabe mit einem Geradstich aufeinander. Achte darauf, das hintere Rockteil nicht mitzuerfassen. So kann bei den nächsten Arbeitsschritten nichts verrutschen.

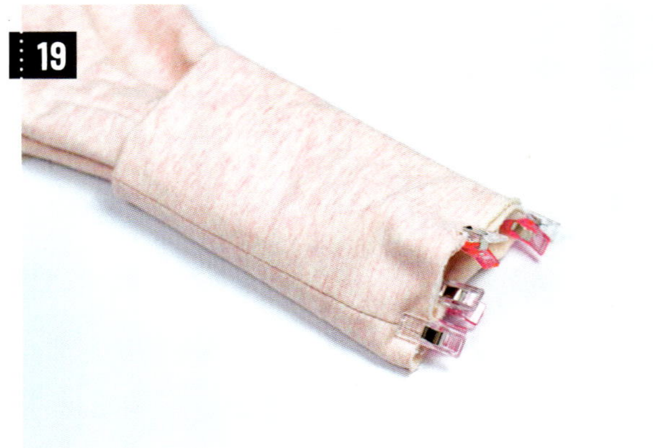

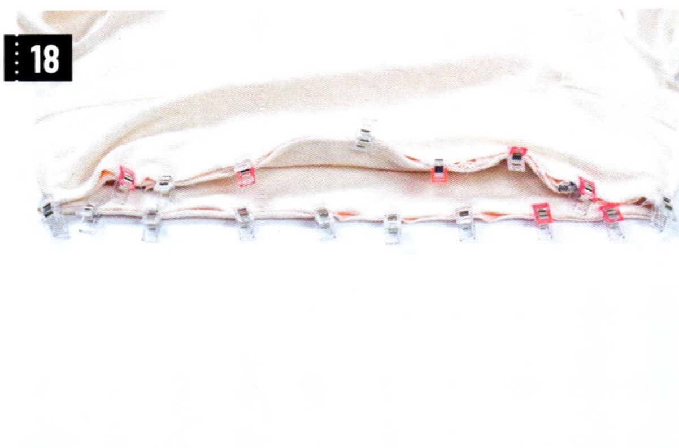

17. Stecke das Rockteil rechts auf rechts in das Oberteil. Achte darauf, dass der Wickeleffekt vorne liegt.

18. Nähe beide Teile rund um die Taille mit einem dehnbaren Stich zusammen. Dabei wird die Fixierungsnaht von Schritt 16 mit dem Overlockmesser abgeschnitten. (Wenn du keine Overlock hast, schneide die Nahtzugabe samt Naht später von Hand zurück.) Wende anschließend alles auf die rechte Stoffseite.

19. Nähe die Ärmelbündchen zu einem Ring (siehe S. 35), falte sie in der Höhe zusammen und unterteile sie in vier gleiche Abschnitte.

20. Stecke sie auf die Ärmel und nähe sie an. Klappe zuletzt die Bündchen nach unten. Wenn du magst, kannst du die Naht von rechts mit einem elastischen Stich absteppen.

#SIEBEN

Bei diesem Kleid sorgen die Raglannähte an den Schultern für perfekten Sitz und zusammen mit dem Blumenmuster für einen Hauch Romantik.

MATERIAL

- Jersey in Blau mit Blumenmuster
  Gr. 34–38: 190 cm
  Gr. 40–42: 195 cm
  Gr. 44–46: 200 cm
- Vlieseline H 180: Rest

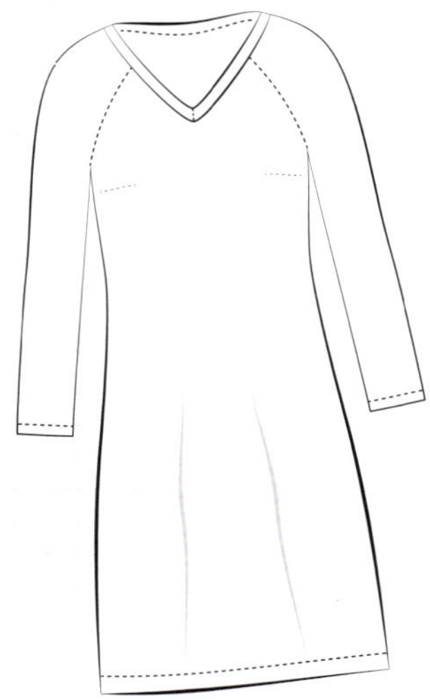

ZUSCHNITT

AUS JERSEY:

- 1x Vorderteil (SB 4) im Bruch
- 1x Rückteil (SB 4) im Bruch
- 2x Ärmel (SB 4) gegengleich
- 1x Halsausschnitt-Bündchen (SB 4) im Bruch

AUS EINLAGE:

- 5 x 5 cm zum Verstärken des V-Ausschnittes

Alle nötigen Naht- und Saumzugaben sind in den Schnittmustern bereits eingerechnet. Die Schnittmuster „Vorderteil" und „Rückteil" sind in zwei Teilen auf den angegebenen Bogen. Bitte füge die Schnittteile nach dem Abpausen an der Klebelinie zusammen.

MYDAY 19

LOS GEHT'S

1

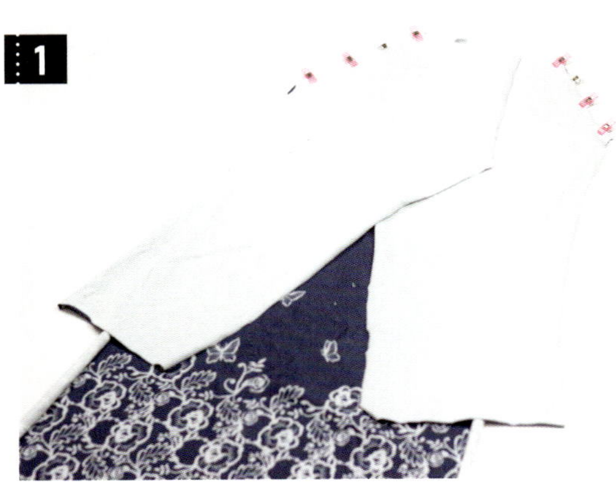

3

2

4

1. Nähe zuerst die Brustabnäher (siehe S. 32). Lege dann das Vorderteil mit der rechten Stoffseite nach oben vor dich hin. Lege den Ärmel mit der vorderen Schulternaht rechts auf rechts auf den Ärmelausschnitt des Vorderteils. Stecke ihn mit Nadeln oder Klammern ab und nähe ihn mit einem elastischen Stich fest. Beim zweiten Ärmel verfährst du genauso.

2. Der Ärmelausschnitt des Rückteils wird bündig rechts auf rechts auf die hintere Schulternaht des Ärmels gesteckt und genäht. Der zweite Ärmel ebenso.

3. Beide Raglannähte des Rückteils sollten festgesteckt so aussehen.

4. Klappe das Vorderteil rechts auf rechts auf das Rückteil und stecke die unteren Ärmelnähte und die Seitennähte zusammen. Achte darauf, dass die Nähte der Ärmel (Ärmel an der Achsel) aufeinandertreffen. Schließe nun, beginnend am Ärmel, in einem Rutsch die Ärmel- und Seitennähte.

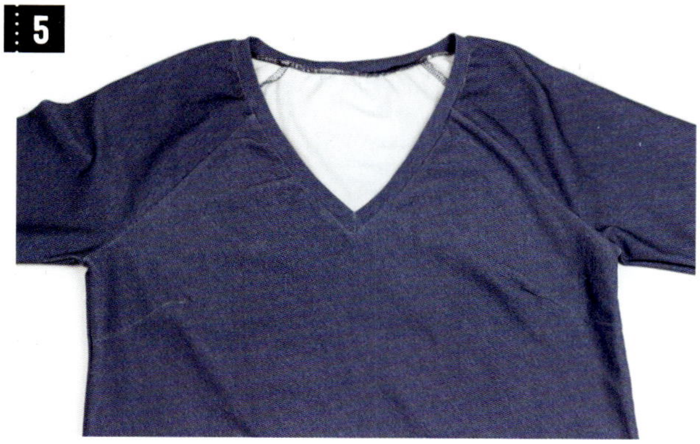

5. Nähe das Bündchen für den V-Ausschnitt, wie auf S. 36 beschrieben, an.

6. Bügle den Ärmelsaum 1 cm nach innen. Schlage nun den restlichen 1 cm des Saums ein und bügle nochmals. Steppe den Saum knappkantig von rechts ab.

7. Nähe zuletzt den Kleidsaum als Fakesaum/faules Bündchen (siehe S. 31).

#ACHT

Durch das Oberteil in Wickeloptik werden weibliche Rundungen gekonnt in Szene gesetzt.

MATERIAL

- Modal in Altrosa
  Gr. 34–36: 135 cm
  Gr. 38–42: 145 cm
  Gr. 44–46: 150 cm

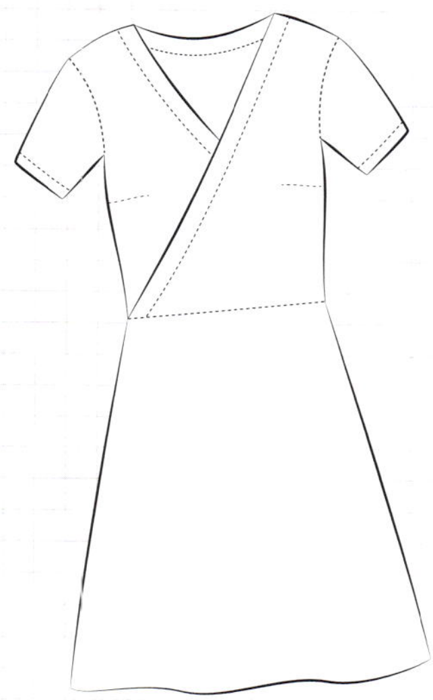

ZUSCHNITT

AUS MODAL:

- 2x Vorderteil (SB 3) gegengleich
- 1x Rückteil (SB 3) im Bruch
- 2x Ärmel (SB 3) gegengleich
- 1x vordere Kante (SB 3) im Bruch
- 2x Rockteil (SB 3) im Bruch

Alle nötigen Naht- und Saumzugaben sind in den Schnittmustern bereits eingerechnet.

LOS GEHT'S

1

2

3

4

1. Nähe zuerst die Brustabnäher (siehe S. 32). Lege beide Vorderteile und das Rückteil rechts auf rechts aufeinander. Bei mir liegt das rechte Vorderteil unten direkt auf dem Rückteil, das linke auf dem rechten. Stecke die Schulternähte zusammen und nähe sie mit einem Overlockstich.

2. Lege den Ärmel rechts auf rechts auf den Armausschnitt. Die Knipse (Markierungen) von Ärmel und Vorderteil sollten beim Stecken des Ärmels übereinstimmen. Stecke die Ärmel fest und nähe sie anschließend mit einem dehnbaren Stich ein.

3. Lege die Teile aufgeklappt, mit der rechten Seite zu dir zeigend, vor dich hin.

4. Klappe das Rückteil rechts auf rechts auf die Vorderteile. Stecke Seitennähte und Ärmel fest. Anschließend nähst du alles mit einem dehnbaren Stich zusammen.

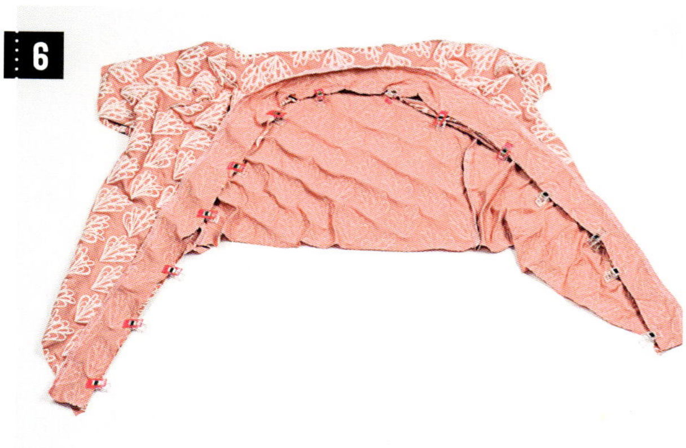

5. Versäubere eine lange Kante des Streifens mit der Overlock oder einem Zickzackstich.

6. Stecke den Streifen „vordere Kante" rechts auf rechts auf den Halsausschnitt und die Vorderteile und nähe ihn anschließend an. Bügle die „vordere Kante" nach innen, fixiere sie nach Belieben mit Saumband und steppe sie rundum fest.

7. Klappe die beiden Vorderteile übereinander und fixiere sie entlang der Unterkante innerhalb der Nahtzugabe mit einem Geradstich.

8. Lege die Rockteile rechts auf rechts und schließe die Seitennähte.

TIPP

Achte darauf, das Rückteil nicht mit zu erfassen! Jetzt können die Vorderteile bei den nächsten Arbeitsschritten nicht meht verrutschen.

9

11

10

9. Lege das Oberteil, mit der linken Seite zu dir zeigend, vor dich ihn. Stülpe das Rockteil in das Oberteil, sodass beide Teile rechts auf rechts liegen. Rock und Oberteil werden nun gleichmäßig rechts auf rechts festgesteckt. Nähe anschließend beide Teile mit einem dehnbaren Stich zusammen; dabei schneidet das Overlockmesser die Fixierungsnaht aus Schritt 7 ab.

10. Bügle den Ärmelsaum 1 cm nach innen. Schlage nun den restlichen 1 cm des Saumes ein und bügle nochmals. Steppe den Saum knappkantig von rechts ab.

11. Nähe den Kleidsaum als Fakesaum/faules Bündchen (siehe S. 31).

#NEUN

Dieses fröhliche Tank-Top-Kleid ist perfekt als Freizeitkleid für den Sommer!

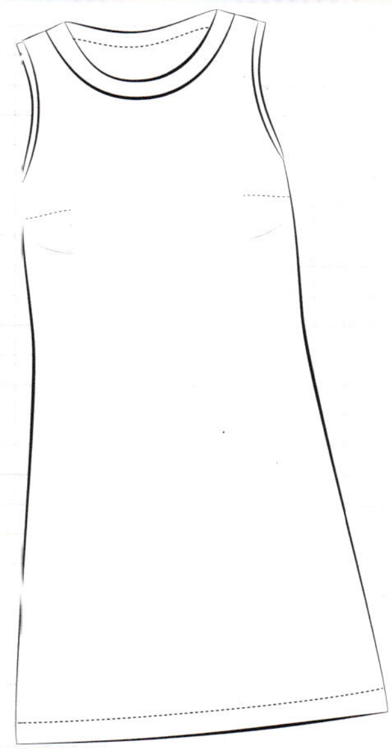

MATERIAL

- Jersey mit Muster
  Gr. 34–38: 140 cm
  Gr. 40–42: 145 cm
  Gr. 44: 160 cm
  Gr. 46: 185 cm
- schwarz-weiß gestreiftes Cuff me: 100 cm
- schwarzes Bündchen: 15 cm

ZUSCHNITT

AUS JERSEY:

- 1x Vorderteil (SB 4) im Bruch
- 1x Rückteil (SB 4) im Bruch

AUS CUFF ME:

- 1x Halsbündchen (SB 4) im Bruch

AUS SCHWARZEM BÜNDCHEN:

- 2x Armausschnittbeleg (SB 4) im Bruch

Alle nötigen Naht- und Saumzugaben sind in den Schnittmustern bereits eingerechnet. Die Schnittmuster „Vorderteil" und „Rückteil" sind in zwei Teilen auf den angegebenen Bogen. Bitte füge die Schnittteile nach dem Abpausen an der Klebelinie zusammen.

LOS GEHT'S

1

3

2

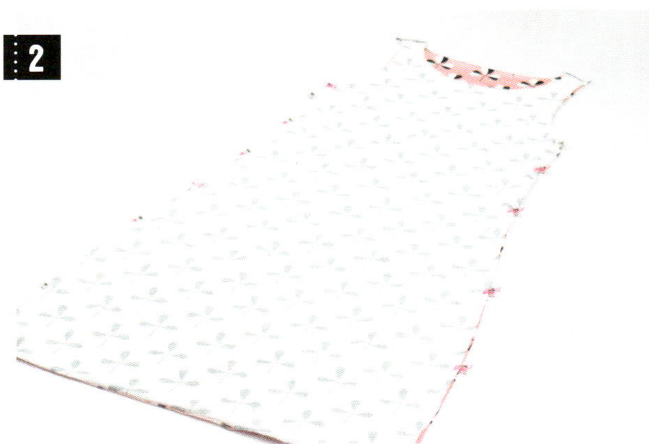

4

1. Nähe zuerst die Brustabnäher (siehe S. 32). Lege dann Vorderteil und Rückteil rechts auf rechts aufeinander. Stecke die Schulternähte zusammen und nähe sie mit einem Overlockstich.

2. Klappe das Rückteil rechts auf rechts auf das Vorderteil und stecke die Seitennähte fest. Anschließend nähst du alles mit einem dehnbaren Stich zusammen; dabei lässt du die Armausschnitte offen.

3. Nähe die Ärmelbündchen zum Ring, wie auf S. 34 beim Rundhalsbündchen beschrieben.

4. Stecke die Ärmelbündchen rechts auf rechts leicht gedehnt an die Armausschnitte und nähe sie mit einem dehnbaren Stich an.

5

6

7

8

5. Versäubere die kurzen Enden des Halsbündchens und nähe sie mit einem Geradstich zusammen.

6. Bügle die Nahtzugaben auseinander und steppe sie knappkantig fest.

7. Stecke das Bündchen rechts auf rechts gedehnt an den Halsausschnitt und nähe es anschließend mit einem dehnbaren Stich an. Klappe das Halsbündchen hoch; wenn du magst, kannst du die Naht mit einem elastischen Stich abstepen.

8. Nähe den Kleidsaum als Fakesaum/faules Bündchen (siehe S. 31).

#ZEHN

Das Hoodiekleid ist die sportliche Kleidversion mit angesagten Retrostripes am Ärmel. Bequem, lässig, einfach cool!

MATERIAL

- Sweat in Dunkelblau
  Gr. 34–36: 200 cm
  Gr. 38–42: 215 cm
  Gr. 44–46: 220 cm
- Jersey in Dunkelblau: 50 cm
- dunkelblaues Bündchen: 25 cm
- Retrostripes: ca.140 cm
- Flachkordel: ca. 160 cm
- Leder/Kunstleder
- 2x Ösen, 8–10 mm Durchmesser
- Stylefix: 130 cm

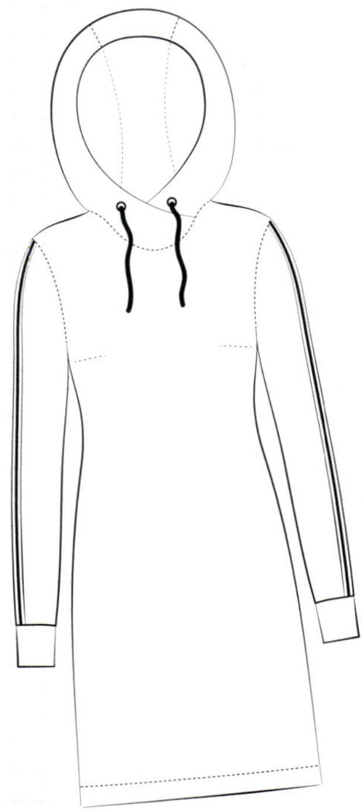

ZUSCHNITT

AUS DUNKELBLAUEM SWEAT:

- 1x Vorderteil (SB 5) im Bruch
- 1x Rückteil (SB 5) im Bruch
- 2x Ärmel (SB 5) gegengleich
- 2x Kapuze Seitenteil (SB 5) gegengleich
- 1x Kapuze Mittelstreifen (SB 5)

AUS DUNKELBLAUEM JERSEY:

- 2x Kapuze Seitenteil (SB 5) gegengleich
- 1x Kapuze Mittelstreifen (SB 5)

AUS BÜNDCHENWARE:

- 2x Ärmelbündchen (SB 5) im Bruch

AUS LEDER/KUNSTLEDER:

- 2x Lederpatches für die Ösen: 3 x 3 cm
- 2x Kordelenden: 6 x 6 cm

Alle nötigen Naht- und Saumzugaben sind in den Schnittmustern bereits eingerechnet. Die Schnittmuster „Vorderteil" und „Rückteil" sind in zwei Teilen auf den angegebenen Bogen. Bitte füge die Schnittteile nach dem Abpausen an der Klebelinie zusammen.

LOS GEHT'S

1. Nähe zuerst die Brustabnäher (siehe S. 32). Lege Vorderteil und Rückteil rechts auf rechts aufeinander. Stecke die Schulternähte zusammen und nähe sie mit einem Overlockstich.

2. Markiere die Mitte des Ärmels mithilfe von Stylefix.

3. Klebe nun den Retrostreifen auf den Stylefix-Streifen und nähe ihn anschließend mit einem Geradstich entlang beiden Kanten auf.

4. Lege den Ärmel rechts auf rechts auf den Armausschnitt. Die Knipse (Markierungen) von Ärmel und Vorderteil sollten beim Stecken des Ärmels übereinstimmen. Stecke die Ärmel fest und nähe sie anschließend mit einem dehnbaren Stich ein.

5. Klappe das Rückteil auf das Vorderteil und stecke Seitennähte und Ärmel fest. Dabei liegen die Teile rechts auf rechts. Anschließend nähst du alles mit einem dehnbaren Stich zusammen.

6. Stecke bei der Kapuze aus Sweat den Kapuzenmittelstreifen rechts auf rechts an eins der Kapuzen-Seitenteile und nähe ihn fest.

7. Anschließend steckst du das zweite Kapuzen-Seitenteil am Mittelstreifen fest und nähst beides zusammen. Übertrage entsprechend des Schnittmusters die Markierung für die Ösen auf die Kapuze.

8. Platziere die Lederpatches an den Markierungen. Nähe sie mit einem Geradstich auf. Schlage die Ösen gemäß der Packungsanleitung ein.

9

11

10

12

9. Nähe die Innenkapuze aus Jersey genauso wie die Außenkapuze, nur ohne Lederpatches und Ösen. Lege Innen- und Außenkapuze rechts auf rechts. Nähe sie anschließend am oberen Kapuzenrand zusammen.

10. Stecke mit Nadeln die Naht des Tunnels ab. Im Schnittmuster ist dazu eine Markierung eingezeichnet. Anschließend steppst du die Naht ab.

11. Stecke die Kapuze an den Halsausschnitt. Beginne mit dem Stecken an der hinteren Mitte. Achte beim Feststecken darauf, dass die Kapuzenmittelstreifen auf die hintere Mitte sowie die Seitenknipse auf die Schulternähte treffen. Nähe alle Lagen der Kapuze mit einem dehnbaren Stich fest.

12. Nähe das Bündchen zu einem Ring (siehe S. 35), stecke es auf den Ärmel und nähe es an.

13. Nähe den Kleidsaum als Fakesaum (siehe S. 31).

14. Ziehe nun noch die Kordel in dein Hoodiekleid ein und fasse die Enden mit Leder ein, wie auf S. 49 beschrieben.

#ELF

Die Seitenstreifen verleihen diesem sportlichen Kleid, das im Handumdrehen genäht ist, einen angesagten Retro-Look!

MATERIAL

- Sommersweat in Schwarz
  Gr. 34-42: 145 cm
  Gr. 44- 46: 150 cm
- Cuff me in Schwarz-Weiß gestreift: 180 cm

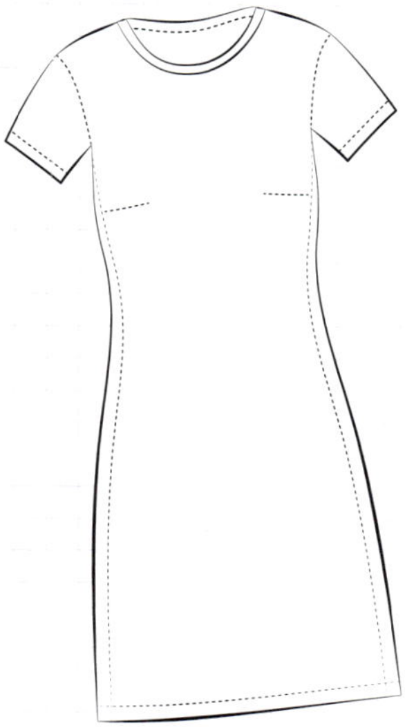

ZUSCHNITT

AUS SOMMERSWEAT:

- 1x Vorderteil (SB 5) im Bruch
- 1x Rückteil (SB 5) im Bruch
- 1x Halsstreifen (SB 5) im Bruch
- 2x Ärmel (SB 5) gegengleich

AUS CUFF ME:

- 2x Seitenstreifen (SB 5) gegengleich

Alle nötigen Naht- und Saumzugaben sind in den Schnittmustern bereits eingerechnet. Die Schnittmuster „Vorderteil" und „Rückteil" sind in zwei Teilen auf den angegebenen Bogen. Bitte füge die Schnittteile nach dem Abpausen an der Klebelinie zusammen.

LOS GEHT'S

1

2

3

4

1. Nähe zuerst die Brustabnäher (siehe S. 32). Lege den Seitenstreifen rechts auf rechts auf das Vorderteil. Stecke es mit Nadeln/Klammern fest. Nähe den Streifen mit einem dehnbaren Stich an.

2. Lege Vorderteil und Rückenteil (rechts auf rechts) aufeinander. Stecke die Schulternähte zusammen und nähe sie mit einem Overlockstich.

3. Klappe das Hinterteil auf das Vorderteil und stecke die Seitennähte fest. Dabei liegen die Teile rechts auf rechts. Anschließend nähst du alles mit einem dehnbaren Stich zusammen.

4. Schließe den Ärmel an der kurzen Kante.

5. Stecke den Ärmel rechts auf rechts in das Armloch und nähe ihn anschließend fest.

6. Bügel den Ärmelsaum 1 cm nach innen. Schlage nun die restlichen 1 cm des Saumes ein und bügel nochmals. Steppe den Saum knappkantig von rechts ab.

7. Nähe das Bündchen, wie bereits in der Grundanleitung „Halsbündchen Rundhals" beschrieben an (siehe S. 34).

8. Nähe den Kleidsaum als Fakesaum/ faules Bündchen (siehe S. 31).

★★★

#ZWÖLF

Mal basic, mal hip, mal sportlich, mal schick – mit diesem Kleid bist du immer perfekt angezogen. Eingrifftaschen und die Kapuze machen es zu einem echten Wohlfühlteil. Pimpe es mit Bändern, Plotts oder Retrostripes!

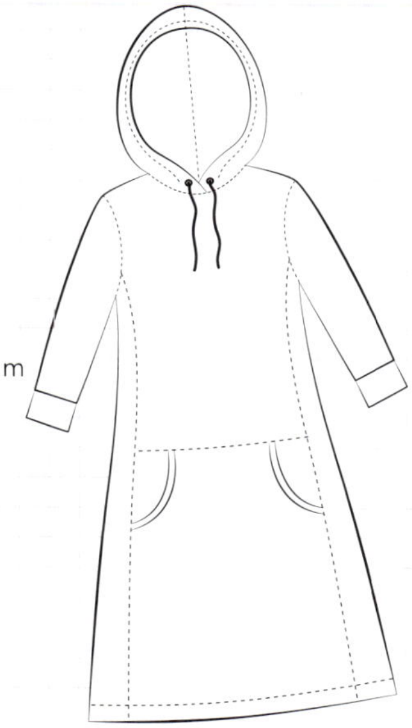

MATERIAL

- Sommersweat in Grau
  Gr. 34–38: 225 cm
  Gr. 40–42: 245 cm
  Gr. 44–46: 260 cm
- Jersey in Schwarz-weiß gemustert: 45 cm
- Bündchenstoff (Meterware) in Grau: 20 cm
- Gummiband/Stripes in Schwarz-Weiß gestreift: ca. 1 m
- Gummiband in Weiß: ca. 1 m
- 2x Ösen, 8–10 mm Durchmesser
- Satinband in Weiß
- Lederreste
- 2x Kordelstopper in Silber
- Plott „Keep Calm"

ZUSCHNITT

AUS SOMMERSWEAT:

- 1x vorderes Oberteil (SB 6) im Bruch
- 1x Rückteil (SB 6) im Bruch
- 1x vorderes Rockteil (SB 6) im Bruch
- 2x Ärmel (SB 6) gegengleich
- 2x Taschenbeutel (SB 5) gegengleich
- 2x Taschenhintergrund (SB 5) gegengleich
- 2x Seitenteil (SB 6) gegengleich
- 2x Kapuze (SB 6) gegengleich

AUS JERSEY:

- 2x Kapuze (SB 6) gegengleich

AUS BÜNDCHENWARE:

- 2x Ärmelbündchen (SB 6)
- 2x Tascheneingriff-Bündchen (SB 6)

AUS GUMMIBAND/STRIPES:

- 2x Streifen in der Länge des Ärmelumfangs

AUS GUMMIBAND IN WEISS:

- 2x Streifen in der Länge des Ärmelumfangs

AUS LEDER:

- 2x Lederpatches für die Ösen: 3 x 3 cm

Alle nötigen Naht- und Saumzugaben sind in den Schnittmustern bereits eingerechnet. Die Schnittmuster „Rückteil" und „Seitenteil" sind in zwei Teilen auf den angegebenen Bogen. Bitte füge die Schnittteile nach dem Abpausen an der Klebelinie zusammen.

LOS GEHT'S

1

2

1. Nähe laut Markierung die Streifen aus gestreiftem und weißem Gummiband auf die Ärmel.

2. Stecke das Taschenvorderteil rechts auf rechts auf den Taschenausschnitt am vorderen Rockteil. Nähe die Tasche nähfüßchenbreit an der Stoffkante mit dem vorderen Rockteil zusammen.

3

4

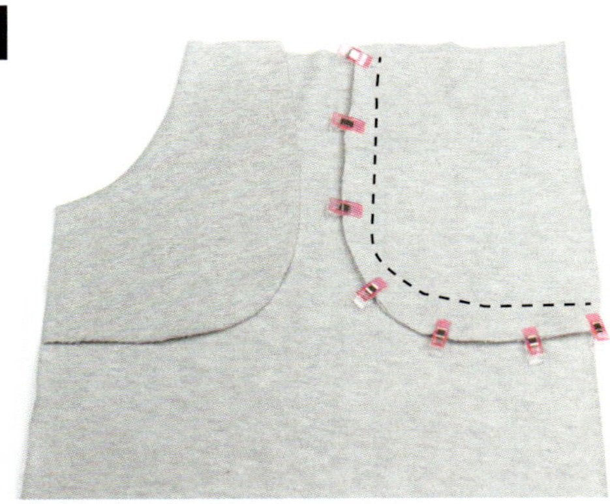

3. Wende die Tasche auf rechts und bügle die zusammengenähte Kante flach. Auf Wunsch kannst du die Kante noch absteppen.

4. Lege einen Taschenhintergrund rechts auf rechts genau auf den Taschenbeutel. Achte darauf, dass die Tasche nicht auf dem Rock festgenäht wird! Die Tasche liegt frei. Nähe die Tasche an der inneren Kante zusammen (siehe gestrichelte Linie).

5

7

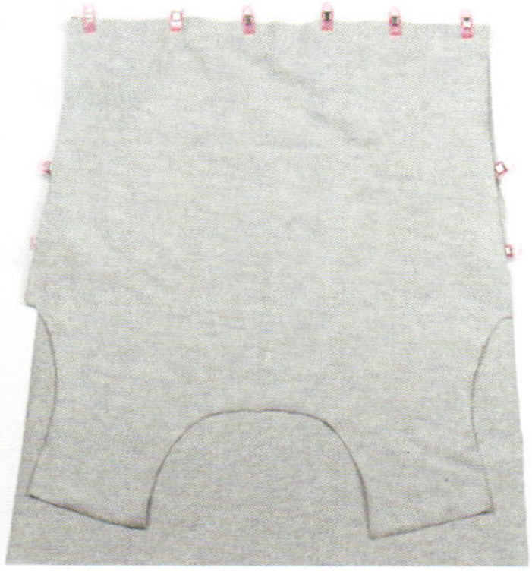

6

8

5. Stecke den Bündchenstreifen rechts auf rechts an den Taschenausschnitt. Die offenen Kanten liegen dabei bündig mit dem Taschenausschnitt. Nähe ihn anschließend mit einem dehnbaren Stich fest und klappe ihn nach außen. Nach Bedarf kannst du ihn noch absteppen.

6. Damit nichts verrutschen kann, steckst du die Taschen mit Clips am Rock fest. Du kannst dort innerhalb der Nahtzugabe eine Sicherungsnaht setzen (kleiner Geradstich).

7. Lege nun das vordere Oberteil rechts auf rechts auf den Rock. Stecke die Teile an der Rockoberkante und Oberteil-Unterkante zusammen und nähe sie zusammen. Bügle die Naht anschließend flach aus. Klappe die Teile auf.

8. Stecke die Seitenteile rechts auf rechts an das zusammengesetzte Vorderteil und nähe sie anschließend an.

9

11

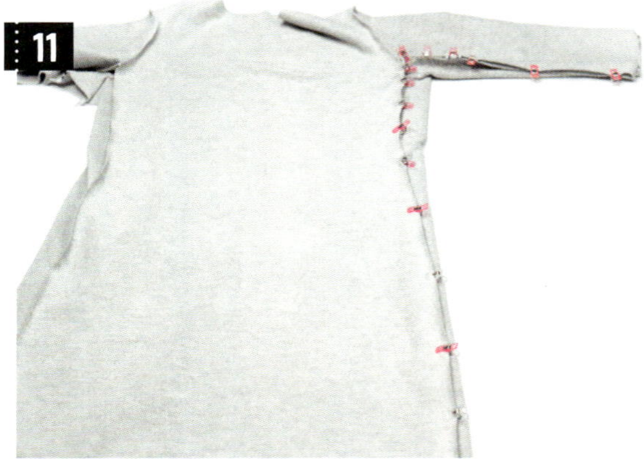

10

12

9. Lege Vorderteil und Rückteil (rechts auf rechts) aufeinander. Stecke die Schulternähte zusammen und nähe sie mit einem Overlockstich. Klappe dann die Teile auseinander.

10. Lege den Ärmel rechts auf rechts auf den Armausschnitt. Die Knipse (Markierungen) von Ärmel und Vorderteil sollten beim Stecken des Ärmels übereinstimmen. Stecke die Ärmel fest und nähe sie anschließend mit einem dehnbaren Stich ein.

11. Klappe das Rückteil rechts auf rechts auf das Vorderteil und stecke Seitennähte und Ärmel fest. Anschließend nähst du alles mit einem dehnbaren Stich zusammen.

12. Stecke bei Außen- und Innenkapuze jeweils die beiden Kapuzenteile aufeinander und nähe sie entlang der äußeren Rundung zusammen.

13

15

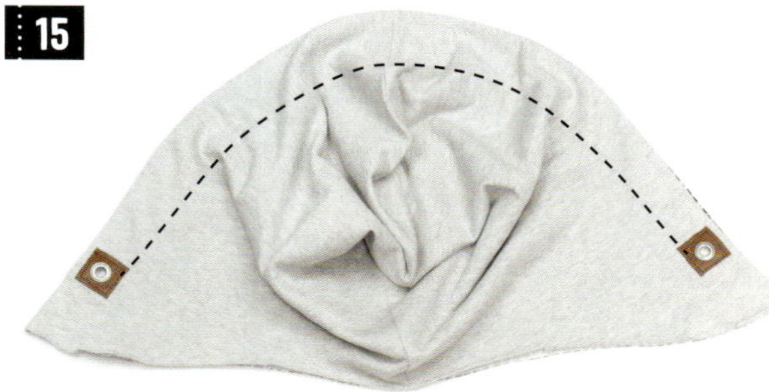

14

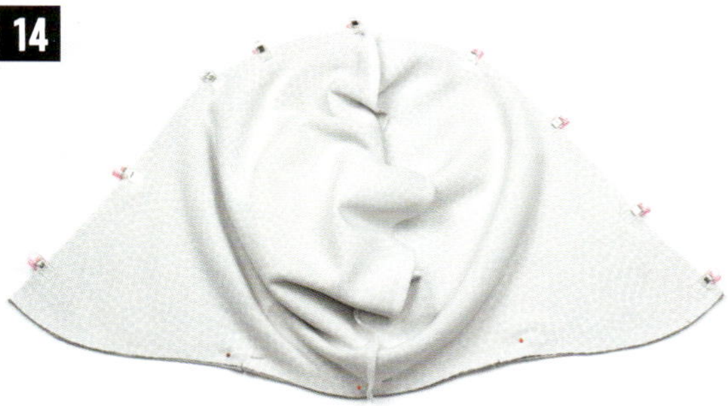

16

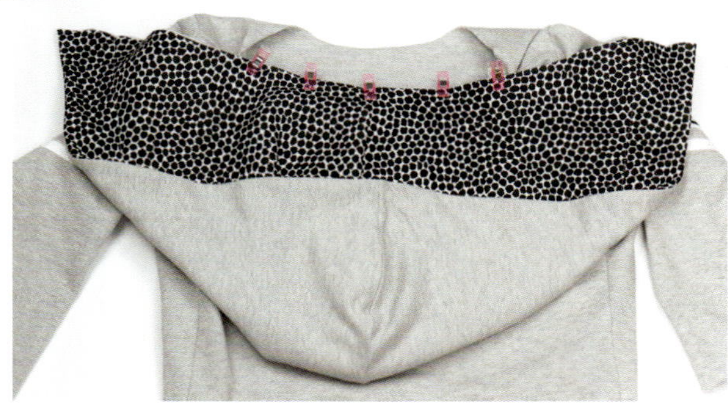

13. Bringe an der Außenkapuze Ösen laut Markierung an (siehe S. 38).

14. Lege die Kapuzen rechts auf rechts, stecke sie fest und nähe sie anschließend mit einem dehnbaren Stich entlang der Vorderkante zusammen. Wende sie durch die Halsöffnung.

15. Stecke mit Nadeln die Naht des Tunnels ab. Im Schnittmuster ist dazu eine Markierung eingezeichnet. Anschließend steppst du die Naht ab.

16. Stecke die Kapuze an den Halsausschnitt. Beginne mit dem Stecken an der hinteren Mitte.

17

19

18

20

17. Achte beim Feststecken darauf, dass die Kapuzennaht auf die hintere Mitte sowie die Seitenknipse auf die Schulternähte treffen. Nähe die Kapuze mit einem dehnbaren Stich fest. Achte darauf, alle Lagen mitzunähen.

18. Nähe das Ärmelbündchen zu einem Ring (siehe S. 35), stecke es auf den Ärmel und nähe es an.

19. Nähe den Saum als Fakesaum/faules Bündchen (siehe S. 31).

20. Ziehe nun noch das Satinband in den Kapuzensaum ein, sichere die Enden mit den Kordelstoppern und pimpe dein Kleid mit einem Plott auf.

KEEP
Calm

#DREIZEHN

Ein tolles Kleid für festliche Anlässe. Der Viskose-Jersey in Kombination mit dem lockeren Fall umschmeichelt deine Figur und die lässigen Volantärmel bilden einen hübschen Abschluss.

MATERIAL

- Viskose-Jersey in Dunkelblau
  Gr. 34–36: 150 cm
  Gr. 38–42: 160 cm
  Gr. 44–46: 170 cm

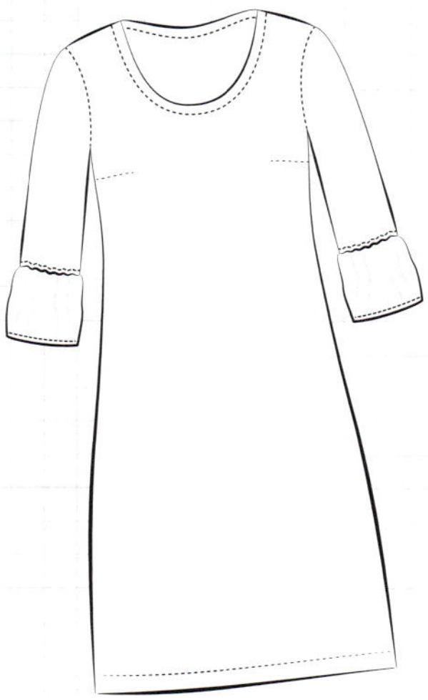

ZUSCHNITT

AUS JERSEY:

- 1x Vorderteil (SB 6) im Bruch
- 1x Rückteil (SB 6) im Bruch
- 2x Ärmel (SB 6) gegengleich
- 2x Ärmelvolant (SB 6) gegengleich
- 1x Halsstreifen (SB 6) im Bruch

Alle nötigen Naht- und Saumzugaben sind in den Schnittmustern bereits eingerechnet. Die Schnittmuster „Vorderteil" und „Rückteil" sind in zwei Teilen auf den angegebenen Bogen. Bitte füge die Schnittteile nach dem Abpausen an der Klebelinie zusammen.

LOS GEHT'S

1

3

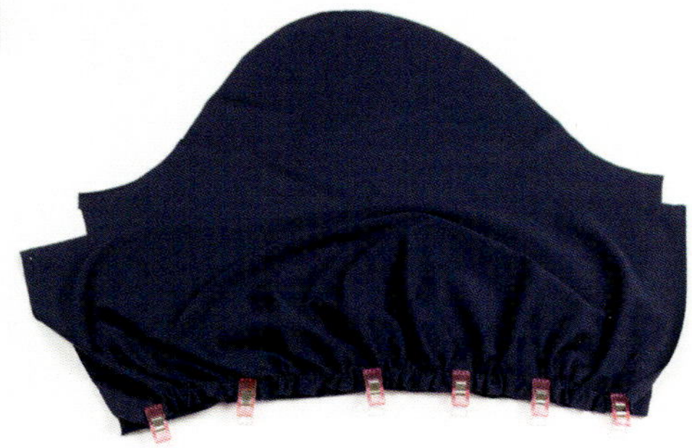

2

4

1. Nähe zuerst die Brustabnäher (siehe S. 32). Lege dann Vorderteil und Rückteil rechts auf rechts aufeinander. Stecke die Schulternähte zusammen und nähe sie mit einem Overlockstich.

2. Raffe das Volantteil auf die Breite des Ärmelsaums. Wie du kräuselst oder raffst, kannst du der Grundanleitung von S. 42 entnehmen.

3. Stecke den Volant rechts auf rechts an den Ärmelsaum und nähe ihn anschließend mit einem dehnbaren Stich fest.

4. Lege den Ärmel rechts auf rechts auf den Armausschnitt. Die Knipse (Markierungen) von Ärmel und Vorderteil sollten beim Stecken des Ärmels übereinstimmen. Stecke die Ärmel fest und nähe sie anschließend mit einem dehnbaren Stich ein.

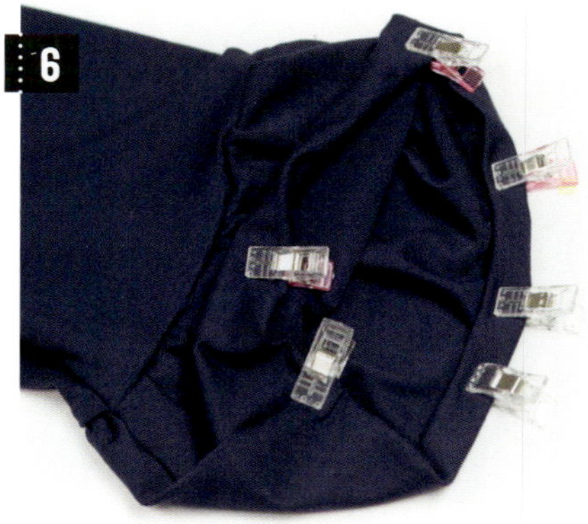

5. Klappe das Rückteil rechts auf rechts auf das Vorderteil und stecke Seiten- und Ärmelnähte fest. Anschließend nähst du alles mit einem dehnbaren Stich zusammen.

6. Bügle den Ärmelsaum 1 cm nach innen. Schlage nun den restlichen 1 cm des Saums ein und bügle nochmals. Steppe den Saum knappkantig von rechts ab.

7. Nähe nun noch das Halsbündchen, wie in der Grundanleitung „Halsbündchen Rundhals" beschrieben, an (siehe S. 34).

8. Nähe den Kleidsaum als Fakesaum/faules Bündchen (siehe S. 31).

#GÜRTEL

Dieser Wickelgürtel ist ein tolles Accessoire, das schicke Kleider, lange Blusen und lässige Hoodies stilvoll aufpeppt.

MATERIAL

- Kunstleder in Schwarz oder Braun: 50 x 140 cm

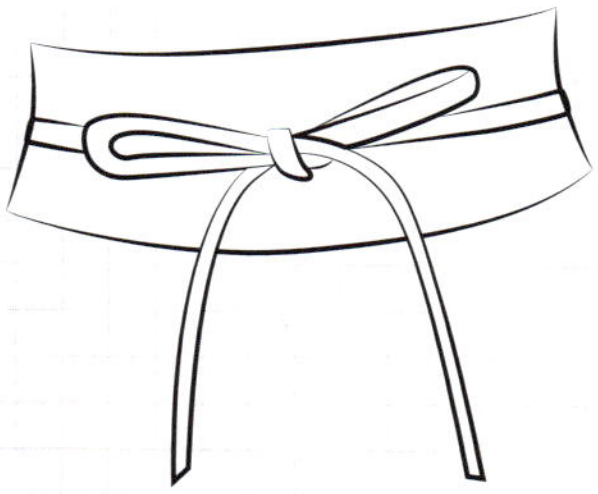

ZUSCHNITT

AUS KUNSTLEDER:

- 2x Gürtel-Mittelteil (SB 1)
- 2x Bindeband (SB 1) im Bruch

Alle nötigen Naht- und Saumzugaben sind in den Schnittmustern bereits eingerechnet.

LOS GEHT'S

1

3

2

4

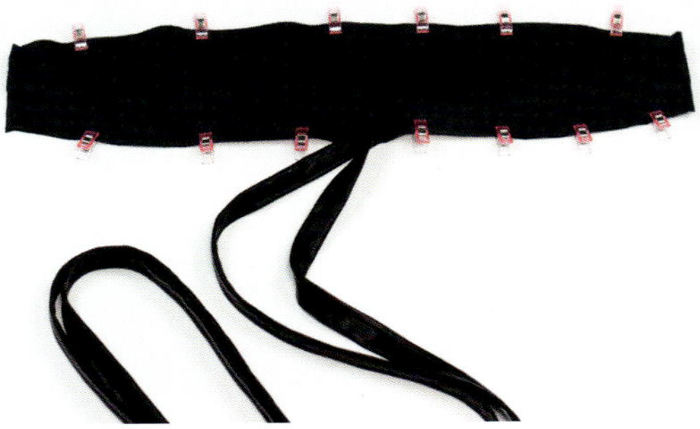

1. Falte eins der Bindebänder der Länge nach rechts auf rechts und schließe die lange Seite. Wiederhole den Vorgang beim zweiten Bindeband.
2. Wende die Bindebänder auf die rechte Seite und steppe sie knappkantig ab.
3. Lege eins der Gürtel-Mittelteile mit der rechten Seite nach oben vor dich hin. Platziere die Bindebänder darauf: jeweils an der Mitte der kurzen Seiten, nach innen zeigend. Ein kleines Ende des Bindebands schaut dabei heraus. Nun kannst du das zweite Mittelteil rechts auf rechts auf das erste legen, die Bindebänder liegen dazwischen.
4. Stecke die Gürtel-Mittelteile rundum fest; die langen Enden der Bindebänder kannst du an einer Stelle heraushängen lassen. Hier lässt du eine Wendeöffnung, wenn du nun das Mittelteil zusammennähst. Achte dabei darauf, die kurzen Enden der Bindebänder gut festzunähen.

5

7

6

5. Schneide die überstehenden kurzen Enden der Bindebänder sowie die Nahtzugaben zurück.

6. Wende den Gürtel auf die rechte Seite. Steppe den Gürtel ringsherum ab und schließe dabei auch die Wendeöffnung.

7. Die Enden der Bindebänder werden 2-mal nach innen geschlagen und anschließend abgesteppt.

TIPP

Du kannst den Gürtel auch aus anderen Stoffen nähen. Wenn du ihn aus Baumwollstoff nähst, empfehle ich dir, die Teile mit Vlieseline zu verstärken.

DRESSES THAT IMPRESS!

Mein herzlicher Dank gilt dem Probenähteam. Viele von ihnen unterstützen mich schon seit Jahren. Hier ein kleiner Ausschnitt der entstandenen Werke aus dem Buch.

ANNE WARDA

Nähen ist mein kreativer Ausgleich zu meinem Bürojob. Seit einigen Jahren nähe ich nun mit anhaltender Begeisterung für meine beiden Töchter, mich und ab und an auch für meinen Mann. Die Fadenkäfer-Schnitte mag ich unheimlich gern, meist sind sie recht schnell genäht und die Passform begeistert mich immer wieder – ganz hoch im Kurs sind das Sweatkleid und auch der Hoodie Noa bei uns.

f Annegretchen

PROBEGENÄHT:
#Fünf als schlichtes Maxikleid (Gr. 36) aus schwarzem Baumwolljersey mit Taillengürtel aus Lederjersey

SIMONE SCHEIBER

Als ich vor etwa fünf Jahren mit dem Nähen anfing, merkte ich recht schnell, dass es mir nicht reicht, nur Taschen oder Kissen zu nähen. Bald folgten die ersten Kleidungsstücke für meine Kinder und auch für mich. Seitdem ich sie mir selbst nähe, trage ich viel mehr Kleider und Röcke als früher. An den Fadenkäfer-Schnitten gefällt mir besonders, dass sie einfach und schnell zu nähen sind und dabei immer etwas Raffiniertes haben.

f Pfützenhüpfer 123 @s.scheiber

PROBEGENÄHT:
#Zwölf aus Jersey (Gr. 42)

KATRIN LAHMER

Ich bin Katrin Lahmer und zum Nähen bin ich eher zufällig gekommen, reingestolpert und an der Nähmaschine sitzen geblieben. Als absolutes Kreativkind und Kleidermädchen kann ich so meinen eigenen Stil ausdrücken und meinem „Macher-Drang" genug kreatives Futter bieten. Seit ein paar Jahren nähe ich auch regelmäßig für Fadenkäfer zur Probe und liebe ihre Schnitte. Ich kann mich drauf verlassen, dass die Schnitte passen, einfach zu nähen sind und schön aussehen. Daher kann ich Anfängern, egal welcher Größe, die Fadenkäfer-Schnitte immer guten Gewissens empfehlen.

Katiela

PROBEGENÄHT:
#Zwei als schickes Tageskleid mit schönem Ausschnitt (Gr. 38) aus Biojersey.

MELA STEFFEN

Ich heiße Mela und habe vor circa fünf Jahren beschlossen, mir eine Nähmaschine zuzulegen. Ganz einfach, weil ich irgendwie genug von der Mode von der Stange hatte. Da ich als Anfängerin auf der Suche nach Schnittmustern war, bei denen die Arbeitsabläufe gut erklärt sind und die genähten Werke auch Style haben, bin ich früh bei Fadenkäfer gelandet. Ich nähe die Schnitte auch jetzt noch supergerne und oft und freue mich jedes Mal über ein top Ergebnis.

IRONneedle @ironneedle

PROBEGENÄHT:
#Zehn als Hoodiekleid (Gr. 42) aus Sommersweat

SVENJA GEBAUER

Ich bin Svenja und lebe mit meiner Familie in Hamburg. Ich nähe seit zwei Jahren und habe den Namen „naehfu" verpasst bekommen. Mein Mann wollte per Textnachricht fragen „naehst Du". Dicke Finger, kleine Tasten … heraus kam „naehfu". Ich nähe am liebsten Kleider und daher habe ich mich umso mehr gefreut, die Schnitte für dieses Buch testen zu dürfen.

naehfu

PROBEGENÄHT:
#Vier als Strandkleid (Gr. 34) aus Jersey

JULIA SCRIBA

Hallo, ich bin Julia Scriba. Ich nähe seit 3 Jahren und fast genauso lang betreibe ich meine Seite. Meine große Leidenschaft sind Kleider, ich berate auch meine Kundinnen, die den richtigen Schnitt für sich suchen, und habe daher schon sehr viele Kleiderschnitte getestet. An den gut durchdachten Schnitten von Fadenkäfer, welche zudem sehr wandelbar sind, mag ich vor allem die großartige Passform. Auch, dass ich gleich meine ganze Familie – meinen Mann und die Zwillinge – benähen kann, ist wirklich fabelhaft. Und so wünsche ich jeder Frau, die sich hier aus diesem großartigen Buch ein Kleid näht, dass sie es mit Stolz trägt.

Julysstrofftraum

PROBEGENÄHT:
#Dreizehn aus Jersey

SIMONE RENNERT

Ich komme aus Aachen und habe noch in der Schule Textilunterricht mit Nähmaschine-Nähen gehabt! Aber erst beim dritten Kind bin ich wieder aktiv zum Nähen gekommen. Seitdem hänge ich an der Nadel und bin stoffsüchtig. Am liebsten nähe ich für mich und mein Mini, von Jersey über Baumwolle – Hauptsache Stoff.

Simone Rennert @monesatelier

PROBEGENÄHT:
#Dreizehn aus Visoksejersey

ANIK MUSCHEID

Zum Nähen kam ich tatsächlich vor gut vier Jahren übers Patchworken, erst danach kam die Liebe zum Nähen von Kleidung, die dann aber mit Macht. Meine große Nähliebe sind Hoodies, knapp gefolgt von Taschen. Mein Glück: Hier gibt es gleich drei Söhne und einen Mann, die benäht werden möchten.

Unter den Fadenkäfer-Schnitten begeistert mich besonders die Sweatjacke. Sehr lässig!

Frau Muscheids Nähstunde

PROBEGENÄHT:
#Zwölf als gemütliches Hoodiekleid (Gr. 38) zu Jeans oder Leggings aus Bio-Sweat und Slubjersey

JENNIFER STROJNIK

Ich bin Jennifer, 42 Jahre „jung" und komme aus Kärnten (Österreich). Ich nähe seit circa sechs Jahren für meine beiden Kinder und mich. Was sich anfangs als abendliche Beschäftigung bei zwei kleinen Kindern anbot, wurde ganz schnell zu einer LEIDENSCHAFT. Ich liebe es, mich kreativ auszutoben und Neues zu versuchen.

f byLinkim

PROBEGENÄHT:
#Dreizehn aus Jersey

KATRIN SEITZ

Ich bin Katrin Seitz und habe vor fünf Jahren mit kleinen Täschchen und Accessoires das Nähen angefangen. Seit zwei Jahren nähe ich für Fadenkäfer viele Schnittmuster zur Probe und bin von der guten Passform überzeugt. Meine liebsten Schnitte sind die verschiedenen Sweatkleider und die Sweatjacke.

f KaTiS   @ka.ti.s

PROBEGENÄHT:
#Zehn als Kapuzen-Sweatkleid (Gr. 38) aus Sommersweat.

DANKE

Natürlich wäre dieses Buch nicht möglich gewesen ohne die Unterstützung einiger Menschen. Deswegen möchte ich Danke sagen.

Ich danke meinem Mann, weil er mir immer den Rücken freigehalten hat. Dem gesamten Fadenkäfer-Team sowie meiner Kollegin Denise für die tatkräftige Unterstützung bei der Entwicklung und Umsetzung der Schnitte. Meiner Lektorin, die jederzeit die richtigen Worte findet. Der Schnittdirektrice für die Umsetzung der Schnittmuster sowie dem gesamten Probenäh-Team, das die Schnitte vorab gründlich getestet hat.

Vielen Dank an die Sponsoren:

- buttinette
- Fuchsfamilie
- Schnittartig
- Stoffe.de
- Alles für Selbermacher
- Wunderpop
- Frau Tulpe
- Prym

ÜBER DIE AUTORIN

Carolin Hofmann alias Fadenkäfer hat es sich zur Mission gemacht, Frauen (und gerne auch Männer) fürs Nähen zu begeistern. Sie selbst entdeckte ihre Leidenschaft beim Anfertigen von einzigartigen Kleidungsstücken für ihre Kinder. Einfach nur Schnitte nachzuarbeiten, reichten der Vierfach-Mami bald nicht mehr. Bald entwarf sie ihr erstes Kinderschnittmuster, dem viele weitere folgten.

Zusammen mit ihrer Schnittdirectrice kreiert Carolin tolle, alltagstaugliche Schnittmuster für Klein und Groß. Alle Schnittmuster werden intensiv vom Fadenkäfer-Team auf Herz und Nieren getestet und probegenäht. Ohne schwierige Fachbegriffe und ausführlich bebildert sind die Anleitungen vor allem anfängerfreundlich, sodass auch weniger geübte Hobbynäherinnen tolle Mode nähen können. Der Spaß sollte im Vordergrund stehen, denn nichts ist schöner, als für seine Kinder, für sich selbst, den Liebsten oder gute Freunde einzigartige Dinge zu erschaffen.

Du hast Lust auf mehr? Folge Carolin auf ihren Social-Media-Kanälen und lass dich von der Fadenkäfer-Community auf Facebook zu kreativen Nähprojekten inspirieren.

www.fadenkaefer.de

@fadenkaefer

Fadenkäfer

fadenkäfer

SCHNITTMUSTER-ÜBERSICHT

Damit du die Schnitte auf den Schnittmusterbogen etwas leichter findest, gibt es hier eine Übersicht nach Kleidern sortiert.

#EINS

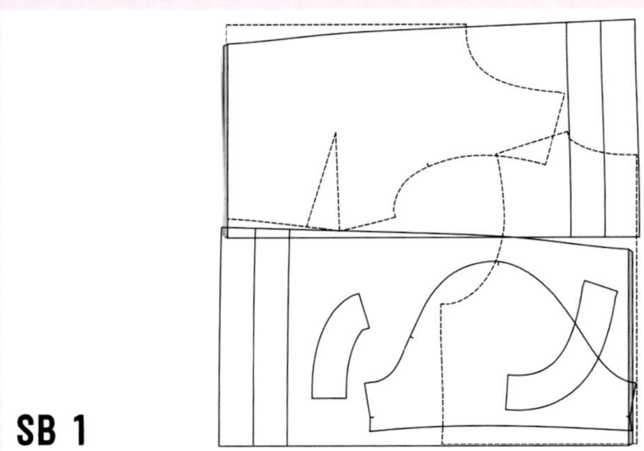

#ZWEI

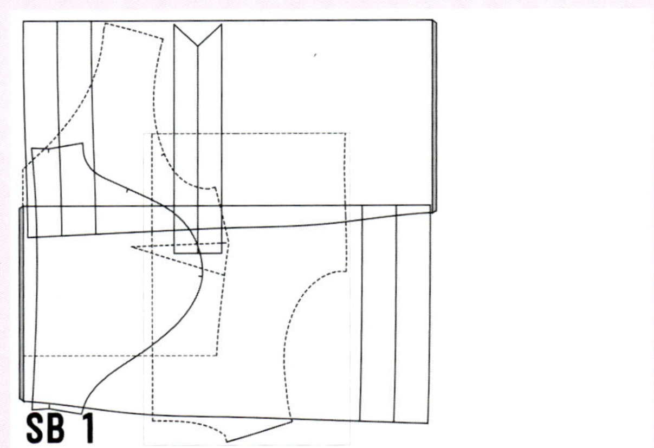

#DREI

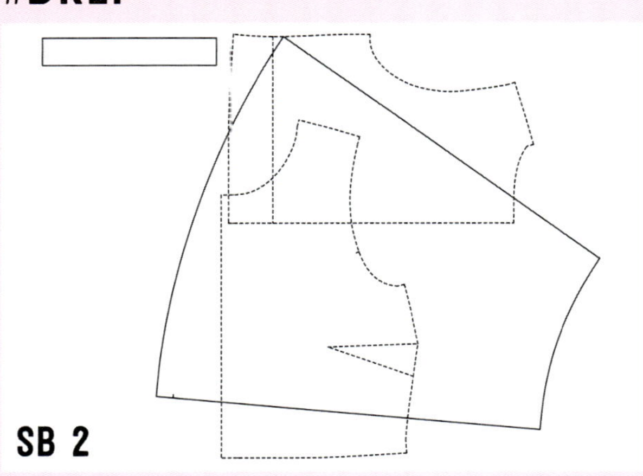

#VIER

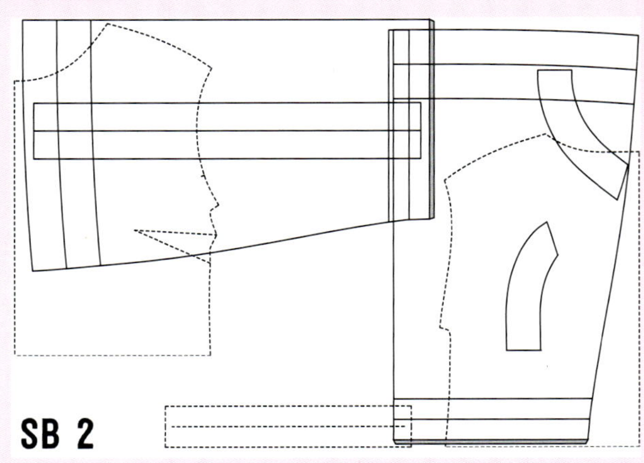

#FÜNF

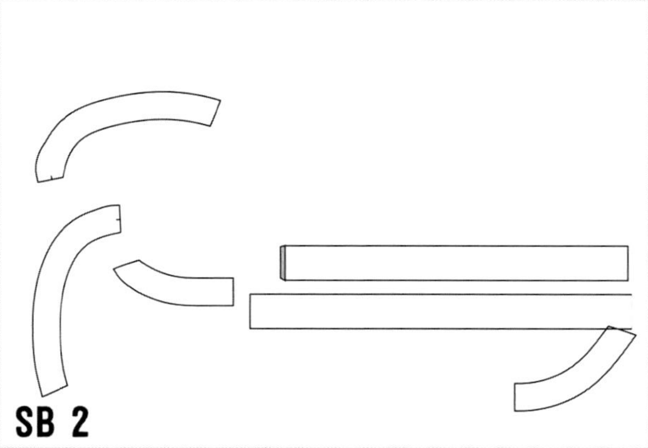

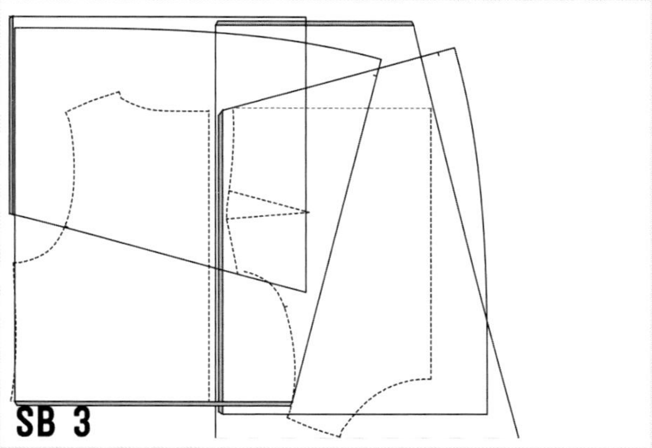

#SECHS

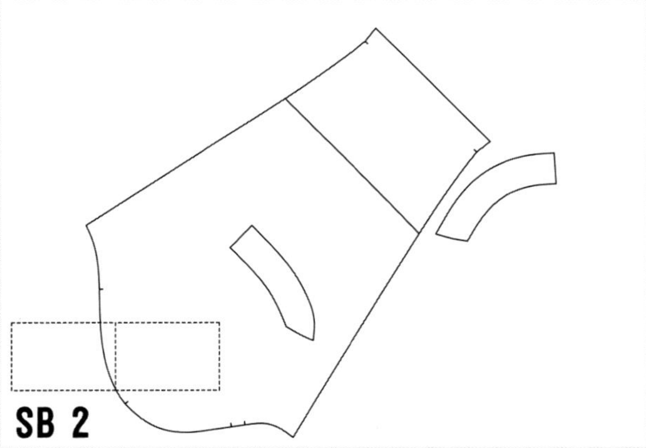

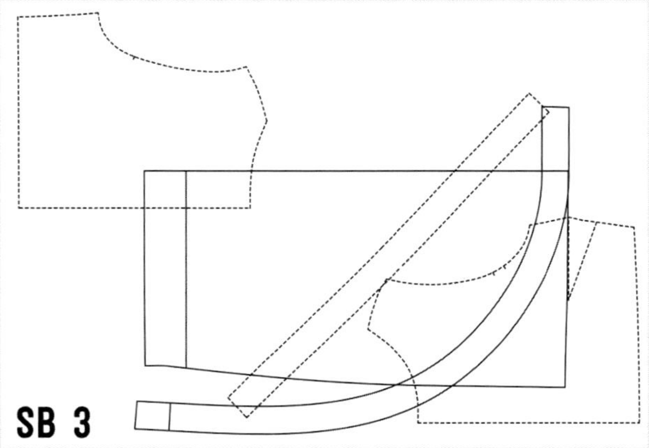

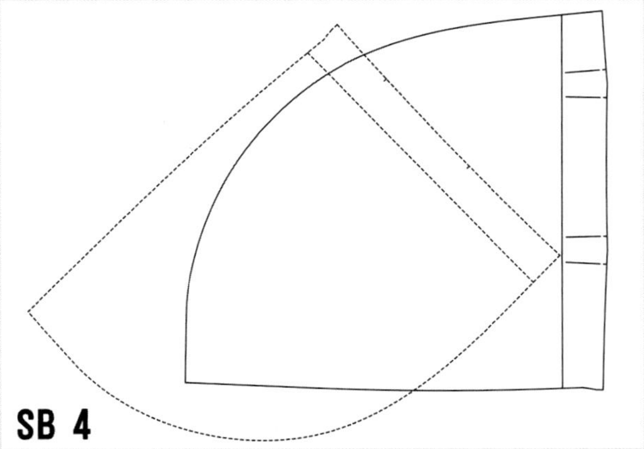

#SIEBEN

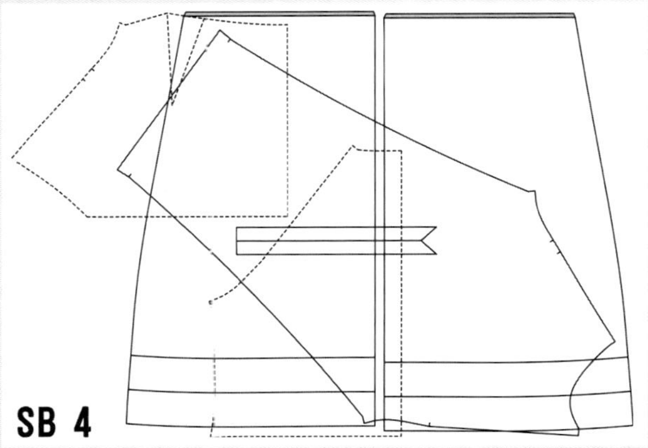

#ACHT

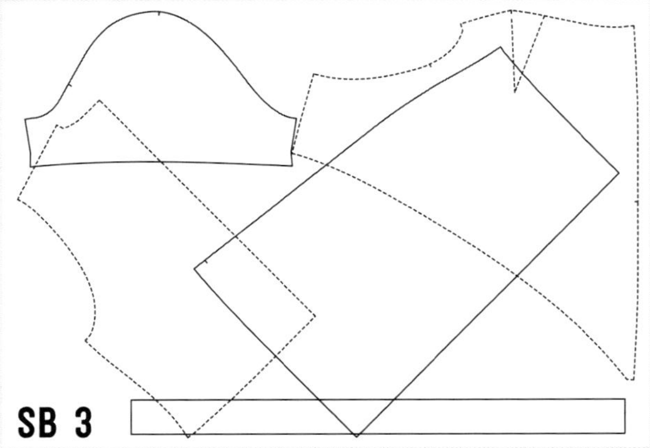

#NEUN

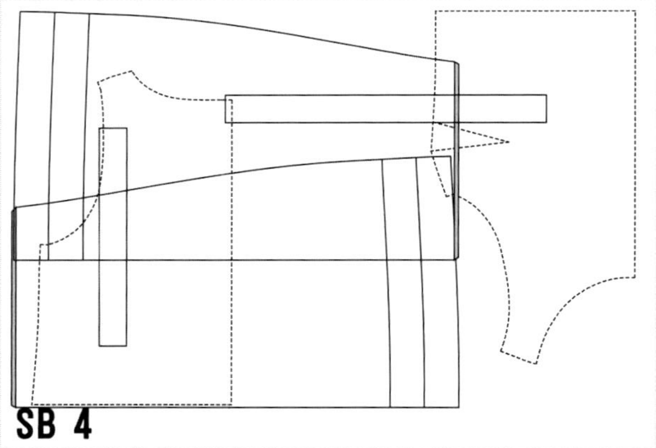

#ZEHN

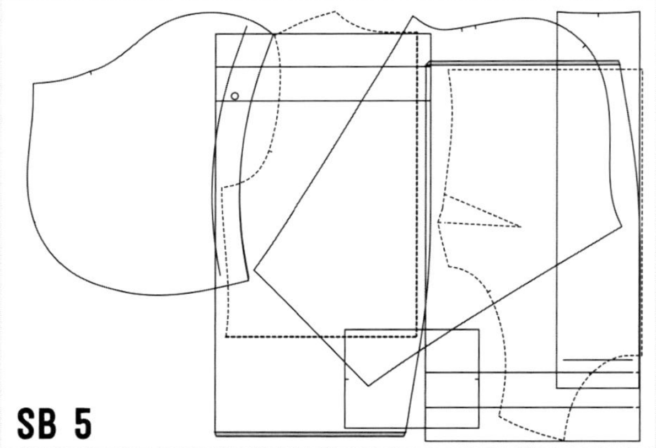

#ELF

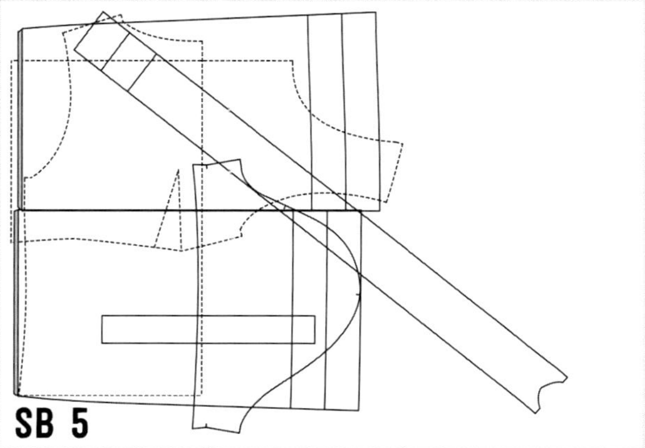

#ZWÖLF

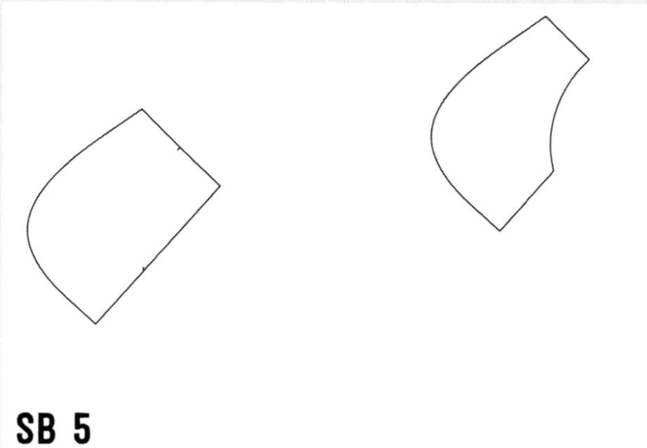

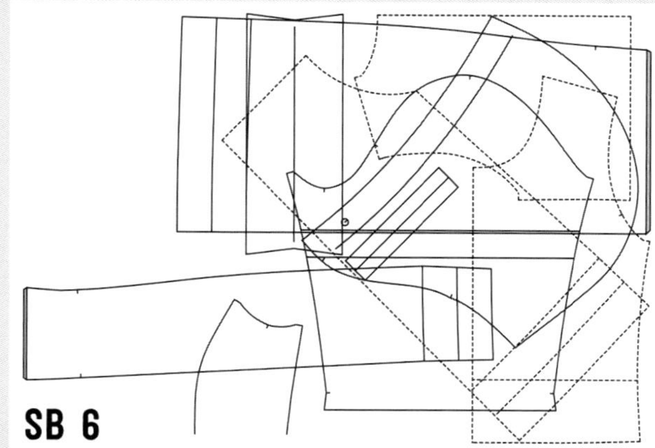

#DREIZEHN

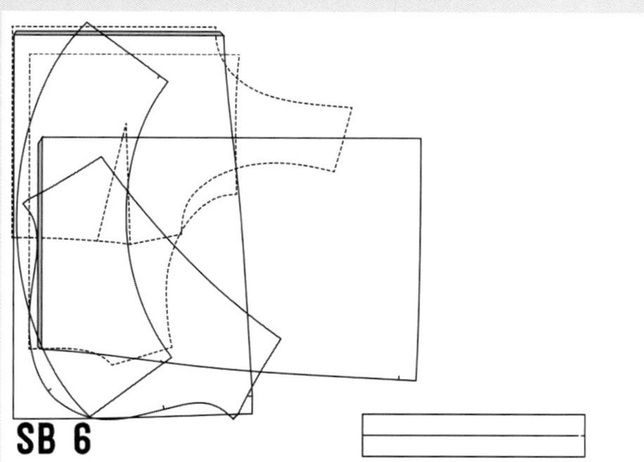

#GÜRTEL

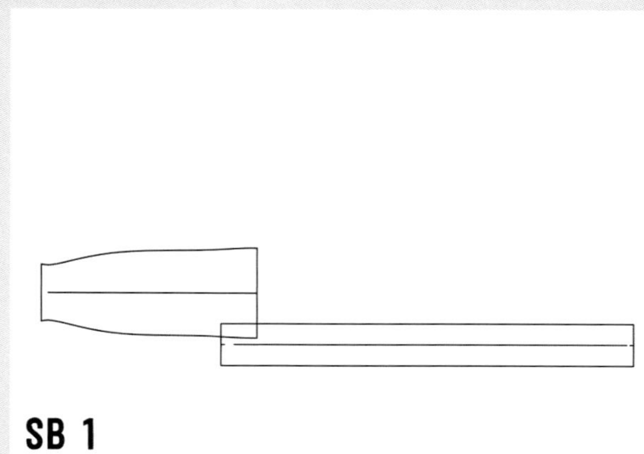

TIPP

Solltest du Schwierigkeiten beim Abpausen haben, melde dich bei Carolin unter: info@fadenkaefer.de

ÜBERSICHT ÜBER DIE SCHNITTMUSTERBOGEN

SCHNITTMUSTERBOGEN 1 (SB 1)

#EINS
- Vorderteil Teil 1
- Vorderteil Teil 2
- Rückteil Teil 1
- Rückteil Teil 2
- Ärmel
- Hinterer Halsbeleg
- Vorderer Halsbeleg

#ZWEI
- Vorderteil Teil 1
- Vorderteil Teil 2
- Rückteil Teil 1
- Rückteil Teil 2
- Ärmel
- Halsbündchen

#GÜRTEL
- Mittelteil
- Bindeband

#DREI
- Ärmel

SCHNITTMUSTERBOGEN 2 (SB 2)

#DREI
- Vorderteil
- Rückteil
- Rockteil
- Halsstreifen

#VIER
- Vorderteil Teil 1
- Vorderteil Teil 2
- Rückteil Teil 1
- Rückteil Teil 2
- Ärmelstreifen
- Halsbeleg vorne
- Halsbeleg hinten
- Tunnelzug

#FÜNF
- Halsausschnittbeleg vorne
- Halsausschnittbeleg hinten
- Gürtelteil Teil 1
- Gürtelteil Teil 2
- Armlochbeleg vorne
- Armlochbeleg hinten

#SECHS
- Halsausschnittbeleg vorne
- Halsausschnittbeleg hinten
- Ärmelbündchen
- Ärmel

SCHNITTMUSTERBOGEN 3 (SB 3)

#FÜNF
- Vorderteil Teil 1
- Vorderteil Teil 2
- Vorderteil Teil 3
- Rückteil Teil 1
- Rückteil Teil 2
- Rückteil Teil 3

#SECHS
- Vorderteil oben
- Rückteil oben
- Hinteres Rockteil
- Saumbeleg vorne
- Saumbeleg hinten

#ACHT
- Vorderteil
- Rückteil

Rockteil
Vordere Kante
Ärmel

SCHNITTMUSTERBOGEN 4 (SB 4)

#SECHS
Vorderes Rockteil mit Falten
Vorderes Rockteil ohne Falten

#SIEBEN
Vorderteil Teil 1
Vorderteil Teil 2
Rückteil Teil 1
Rückteil Teil 2
Ärmel
Halsausschnitt-Bündchen

#NEUN
Vorderteil Teil 1
Vorderteil Teil 2
Rückteil Teil 1
Rückteil Teil 2
Halsbündchen
Armausschnittbeleg

SCHNITTMUSTERBOGEN 5 (SB 5)

#ZEHN
Vorderteil Teil 1
Vorderteil Teil 2
Rückteil Teil 1
Rückteil Teil 2
Kapuze Seitenteil
Kapuze Mittelstreifen
Ärmel
Ärmelbündchen

#ELF
Vorderteil Teil 1
Vorderteil Teil 2
Rückteil Teil 1
Rückteil Teil 2
Ärmel
Halsstreifen
Seitenstreifen

#ZWÖLF
Taschenbeutel
Taschenhintergrund

SCHNITTMUSTERBOGEN 6 (SB 6)

#ZWÖLF
Vorderes Oberteil
Vorderes Rockteil
Rückteil Teil 1
Rückteil Teil 2
Kapuze
Ärmel
Ärmelbündchen
Seitenteil Teil 1
Seitenteil Teil 2
Tascheneingriff-Bündchen

#DREIZEHN
Vorderteil Teil 1
Vorderteil Teil 2
Rückteil Teil 1
Rückteil Teil 2
Ärmel
Ärmelvolant
Halsstreifen

IMPRESSUM

Der Verlag bedankt sich bei **Buttinette, Stoffe.de, Alles für Selbermacher und Frau Tulpe sowie Fuchsfamilie, Schnittartig und Wunderpop für das freundliche Materialsponsoring.**

Bibliografische Information der Deutschen Bibliothek.

Die Deutsche Bibliothek verzeichnet diese Publikation in der Deutschen Nationalbibliografie.

Detaillierte bibliografische Daten sind im Internet über http://www.dnb.de/ abrufbar.

EIN BUCH DER EDITION MICHAEL FISCHER

2. Auflage 2019

Covergestaltung: Celina Reiser
Bilder: Corinna Brix, München, bis auf Schrittbilder: Carolin Hofmann
Lektorat: Ute Wielandt, Baar-Ebenhausen
Projektmanagement: Saskia Wedhorn
Satz: Anne-Katrin Brode

ISBN 978-3-96093-244-4

Gedruckt bei Polygraf Print, Čapajevova 44, 08001 Prešov, Slowakei

www.emf-verlag.de

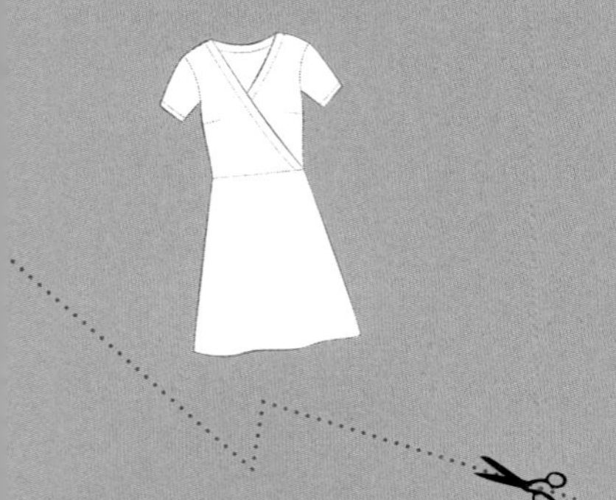